Direito Penal e Constituição

A FACE OCULTA DA PROTEÇÃO DOS DIREITOS FUNDAMENTAIS

1192

S914d   Streck, Maria Luiza Schäfer
         Direito penal e Constituição: a face oculta da proteção dos direitos fundamentais / Maria Luiza Schäfer Streck. – Porto Alegre: Livraria do Advogado Editora, 2009.
         174 p.; 23 cm.
         ISBN 978-85-7348-613-1

         1. Direito penal. 2. Direitos e garantias individuais: Proteção. 3. Direitos e garantias individuais: Direito penal. 4. Estado: Direito Penal. I. Título.

                                          CDU – 343.2

         Índices para catálogo sistemático:
         Direito penal   343.2
         Direitos e garantias individuais: Proteção   342.7
         Direitos e garantias individuais: Direito Penal   342.7:343.2
         Estado: Direito penal   342.4:343.2

         (Bibliotecária responsável: Marta Roberto, CRB-10/652)

Maria Luiza Schäfer Streck

Direito Penal e Constituição

A FACE OCULTA DA PROTEÇÃO DOS DIREITOS FUNDAMENTAIS

livraria
DO ADVOGADO
editora

Porto Alegre, 2009

© Maria Luiza Schäfer Streck, 2009

Capa, projeto gráfico e diagramação
Livraria do Advogado Editora

Revisão
Betina Denardin Szabo

Pintura que ilustra a capa
Forain Jean-Louis
Scène de tribunal

Direitos desta edição reservados por
Livraria do Advogado Editora Ltda.
Rua Riachuelo, 1338
90010-273 Porto Alegre RS
Fone/fax: 0800-51-7522
editora@livrariadoadvogado.com.br
www.doadvogado.com.br

Impresso no Brasil / Printed in Brazil

Ao meu pai pelos ensinamentos, diálogos, palavras de otimismo...

À minha mãe por me ouvir, pelo apoio e palavras de carinho...

...e a ambos pelo amor, incentivo e por serem minha referência de vida.

Ao professor André Luís Callegari pela amizade e pela confiança em mim depositada.

"Por vezes parece que nos esquecemos da relevante circunstância de que a segurança é, ela também, direito humano: não estou falando retoricamente, estou falando textualmente... Entretanto, geralmente nos esquecemos disso. Na verdade, tão raramente nos lembramos disso que seria o caso de perguntar se algum dia 'soubemos' de tal coisa – isto é, que a segurança, a segurança pessoal, é um dos direitos humanos mais importantes e elementares..."

Luciano Oliveira
Segurança: um direito para ser levado a sério.
In: Anuário dos Cursos de Pós-Graduação em Direito, nº 11. Recife, 2000, p. 244/245.

Prefácio

O convite para prefaciar o livro da professora Maria Luiza Schäfer Streck me deixou alegre e emocionado, pois apesar de ter sido o seu orientador no mestrado em Direito da Unisinos, acredito que o seu mestre verdadeiro está na sua casa, o Professor Lenio Streck, a quem deve ser atribuídos os créditos pela educação e orientação da Maria Luiza.

Feita essa ressalva necessária e também uma justa homenagem a um pai que soube dar a melhor herança para um filho, valores familiares e educação, quero registrar antes de entrar no mérito do trabalho que a Maria Luiza é uma daquelas raras pessoas em que se pode apostar, sem qualquer receio, pois ela corresponderá.

A professora Maria Luiza no curso de sua dissertação de mestrado fez, sob minha orientação, estágio docência na atividade acadêmica de Direito Penal II, uma atividade das quais reputo de maior importância e complexidade. Durante este período, demonstrou segurança e incessante vontade de saber, sempre reconhecida pela sua competência em sala de aula. Ainda bem que o estágio terminou para que eu recuperasse a minha turma.

Seguimos nosso trabalho em conjunto no Ensino a Distância da Escola da Magistratura – Ajuris, onde novamente a Maria Luiza demonstrou com competência sua aptidão para o magistério. Sua experiência foi logo reconhecida quando chamada para lecionar Direito Penal numa instituição de ensino superior.

O registro antecedente é importante porque reflete a maturidade necessária para que se enfrente o tema árduo tratado neste livro sobre *Direito Penal e Constituição: a face oculta da proteção dos Direitos Fundamentais*. Somente com uma leitura sólida e bem compreendida é que se pode analisar a magnitude do tema, fato este até agora despercebido pela maioria da doutrina e jurisprudência.

O livro aborda a evolução do Direito e do Estado e o papel do Direito Penal inserido no novo contexto constitucional, aliás, leitura esta que muitos doutrinadores não compreendem corretamente como deve ser feita. Ainda bem que temos professores como Maria Luiza, que nos brindam com uma pesquisa original do tema e a leitura dos textos de acordo com a Constituição. O que falta para alguns e sobra na presente obra é como se faz essa adequada leitura constitucional.

Aliás, como está dito logo no início do texto, interpretar já não é mais um ato de conhecimento, mas, sim, um ato de compreensão; interpretar já não é extrair o sentido da norma, mas, sim, atribuir sentidos a partir do modo prático de ser no mundo. Este diferencial é o que encontraremos no presente livro, isto é, a correta interpretação dos Direitos Fundamentais, a atribuição de sentidos a estes direitos e como eles devem ser aplicados a partir de uma leitura Constitucional. O primeiro capítulo brinda o leitor com toda esta rica fonte de conhecimento e evolução histórica que culmina na interpretação do Direito Penal dentro de um Estado Democrático de Direito.

O segundo capítulo é o cerne deste livro, onde o leitor encontrará com profundidade a compreensão do princípio da proporcionalidade, novamente, numa leitura diferenciada. A professora Maria Luiza enfrenta o problema da dupla face deste princípio, desvelando o seu lado "obscuro".

A leitura do princípio da proporcionalidade aqui tratado é bem mais ampla do que estamos acostumados e permite não só fazermos a distinção entre uma concepção estrita e ampla do princípio como também verificarmos a dimensão dada pela doutrina e pelos tribunais europeus. Porém, o ponto fundamental está na compreensão de que a proporcionalidade não pode significar "livre escolha" ou "escolhas discricionárias", porque isso pode acarretar até mesmo o solapamento do texto constitucional e, como lembra a autora, o uso adequado da proporcionalidade deve ter o propósito de "recolocar" a integridade eventualmente violada pela legislação ou pela decisão judicial. A obra nos traz uma concepção diferente ao mencionar que a proporcionalidade está ligada a diversos princípios e, para que se evite a discricionariedade, nos oferece um novo caminho através das "duas faces" da proporcionalidade, como princípio da proibição de excesso, no seu viés "negativo", e princípio da proibição de proteção deficiente, no seu viés "positivo".

A explicação e a compreensão da dupla face da proporcionalidade permitem ao leitor uma nova dimensão desse princípio e não mais a interpretação singela e sem sentido constitucional ainda conferida pela doutrina e jurisprudência. Como foi dito alhures, interpretar é atribuir sentido e a professora Maria Luiza consegue mostrar isso com clareza e acuidade necessária para que se enxergue além do senso comum ou dos manuais repetitivos que dizem tudo e não dizem nada. Normalmente enxergamos, quando conseguimos, apenas uma face da proporcionalidade, porém, como o trabalho demonstra, deixamos de lado a outra, tão importante na hora de apreciação das condutas humanas que estão em jogo, mormente quando se trata da aplicação da lei penal.

Compreendida a dupla face da proporcionalidade, o livro nos mostra a falta de compreensão da proibição de proteção deficiente nas decisões judiciais e na legislação, trazendo vários casos dessa situação, isto é, a falta de proteção aos direitos fundamentais que desrespeitam a Constituição Federal. Esse enfoque é fundamental no Estado Democrático de Direito e raros autores conseguem dimensioná-lo como o faz a professora Maria Luiza. O problema é que estamos acostumados somente a enxergar uma face do princípio da proporcionalidade e acabamos olvidando a outra que é tão ou mais importante, pois implica na efetivação da proteção dos Direitos Fundamentais.

Tenho certeza de que a obra já nasce exitosa, não só pela ousadia do tema, mas também pela importância que o assunto merece. O leitor terá a oportunidade de realizar uma leitura hermenêutico-constitucional e de compreender e atribuir sentido a algo tão importante como os Direitos Fundamentais, aprendendo, com certeza, a dar uma nova dimensão ao princípio da proporcionalidade no Direito Penal. Boa leitura.

Porto Alegre, verão de 2009.

Prof. Dr. André Luís Callegari
Coordenador Executivo do Curso de Direito da Unisinos e
Professor do Programa de Pós-graduação em Direito da Unisinos

Sumário

Apresentação – *Alexandre Morais da Rosa* 15

1. **Notas introdutórias** 19

2. **Evolução do Direito e do Estado – o papel do Direito Penal** 23
   2.1. O começo da modernidade: entre civilização e barbárie, o Estado absolutista 24
   2.2. O Estado liberal: as possibilidades do indivíduo frente ao "Leviatã" 28
   2.3. O Estado social e a busca de direitos para além do indivíduo 33
   2.4. O Estado Democrático de Direito e o dirigismo constitucional como revolução no constitucionalismo: a busca do resgate das promessas incumpridas da modernidade 35
   2.5. Bem jurídico (penal) em um contexto de Estado constitucional 40
   2.6. A relação umbilical entre a nova concepção de bem jurídico e a noção de Constituição compromissória e dirigente 48
   2.7. A proteção dos Direitos Fundamentais e o espaço do Direito Penal no Estado Democrático de Direito 53

3. **A proteção dos bens jurídicos-penais: a dupla face do princípio da proporcionalidade – o Estado da arte do tema** 61
   3.1. O nascimento do princípio da proporcionalidade e a evolução em direção a sua dupla face 63
   3.2. As críticas possíveis à proporcionalidade e seu vínculo com a discricionariedade. A importância da proporcionalidade entendida como "equanimidade 74
   3.3. A proibição de excesso (*Übermassverbot*) 87
   3.4. A proibição de proteção deficiente (*Untermassverbot*) 91

4. **As diversas possibilidades de incidência da proibição de proteção deficiente: entre a jurisdição e a legislação** 107
   4.1. Análise das decisões que não respeitaram o princípio da proibição de proteção deficiente: a atuação da jurisdição 113
       4.1.1. A proibição de proteção deficiente nos crimes sexuais 113

4.1.2. A proibição de proteção deficiente e o crime continuado: problemas além mar e aquém mar – da legislação à jurisdição 123
4.1.3. A proibição de proteção deficiente e o mandado de segurança em matéria criminal 129
4.1.4. O Indulto e a Possibilidade de Sindicabilidade Constitucional 136
4.2. Análise das leis que não respeitam o princípio da proibição de proteção deficiente: a atuação do legislador 141
    4.2.1. A dispensa do laudo criminológico para a progressão de regime prisional 141
    4.2.2. A inconstitucionalidade da ação penal nos crimes de estupro e atentado violento ao pudor 146
    4.2.3. Os crimes de menor potencial ofensivo no âmbito dos Juizados Especiais Criminais: a transformação de *hard crimes* em *soft crimes* . 149
    4.2.4. A inconstitucionalidade da previsão de extinção da punibilidade por pagamento nos crimes fiscais 153
    4.2.5. A inconstitucionalidade do § 4º do artigo 33 da Lei de Tóxicos 158

5. Conclusões 163

Referências bibliográficas 169

Apresentação

Edgar Bodenheimer relembra "As Aventuras de Robison Crusoé", de Daniel Defoe, para explicar que Crusoé se vê, sozinho, vítima de um naufrágio, numa ilha deserta, durante vinte e cinco anos, quando, então, vendo um nativo que foge de canibais, consegue evitar sua morte, momento em que Sexta-feira, imediatamente, coloca o pé de Crusoé sob seu crânio e se declara escravo perpétuo, condição que o tornava objeto, ou seja, sem qualquer dignidade. A vida na ilha continua... até que Crusoé salva mais uma vida, mas agora a do Capitão de um barco cuja tripulação havia se amotinado e o arremesado em direção à ilha. Crusoé e o Capitão, então, acordam que Crusoé iria o ajudar, sob duas condições: 1) que o Capitão obedeça a Crusoé enquanto estiver na Ilha e, 2) depois de recuperar o barco o leve até a Inglaterra sem cobrar nada. Aceitas as cláusulas do contrato, as partes o cumprem. O que importa destacar nesta metáfora literária é que enquanto no caso de Sexta-feira a relação é de subordinação irrestrita, isto é, sem respeito à sua condição de humano, no caso do Capitão, há uma relação de obrigações recíprocas de quem se reconhece no mesmo patamar. Enfim, Sexta-feira era uma "coisa" e somente o Capitão é considerado como sujeito! Este exemplo demostra como as relações humanas podem se estabelecer entre sujeitos que se respeitam em condições horizontais, ou seja, iguais e, de outro lado, por aqueles que se acham ou estão em patamar superior, por exemplo, econômico, étnico, social, etc., pré-noções absolutamente importantes no contexto do Direito Penal contemporâneo. Enfim, as relações de igualdade, de "cidadania modulada", a tensão entre liberdade e igualdade, no campo do Direito Penal do Estado Democrático de

Direito, precisam de "respostas corretas", articuladas em face da Constituição da República.

Neste contexto, apresenta-se Maria Luiza Schäfer Streck (Malu). Jovem e destacada professora de Direito Penal, cuja dissertação é publicada neste livro, a qual foi defendida em 2008 (UNISINOS), orientada pelo Dr. André Luis Callegari, reconhecido pensador de Direito Penal. Malu possui uma sólida formação acadêmica, com monografia e textos que demonstram seu viés teórico sério e engajado, de gente que investiu tempo e desejo em tardes, noites, dias, meses, anos, para ter uma sustentação filosófica e compreender, no limite, como a coisa funciona...

E o enfrentamento destas questões precisa de gente com coragem para as realizar. Todos nós respondemos, bem ou mal, ao desejo do Outro, isto é, de quem representa as funções materna e paterna. E sempre é complicado, porque não se ocupa, nem se sustenta, o lugar de filho(a) simplesmente pelo nascimento. O lugar, no caso, ainda mais no campo do Direito, precisava de uma conquista. E Malu foi corajosa! Conquistou o lugar, com méritos, pelo trabalho que segue.

Com efeito, o trabalho realiza uma aproximação exitosa entre a teoria da dupla perspectiva de proteção dos Direitos Fundamentais, sem se perder em radicalismos, a partir de uma sólida conformação hermenêutica. Enfim, Malu não se perde em "natureza jurídica", "interpretações gramaticais, sistemáticas", nem qualquer outra ilusão metafísica, mortas pela superação do paradigma sujeito-objeto, bem apontadas por Lenio Streck, mas que ainda vivem no "senso comum teórico" (Warat). Nada melhor do que se valer do texto de Malu para apontar o que ela diz: *"Por isso é que devemos deixar de olhar o novo com os olhos do velho e passar a ver o Direito Penal com um olhar dirigido às transformações, sem temores de qualquer possibilidade de repristinação de atitudes arbitrárias por parte do Estado. Muito pelo contrário, a arbitrariedade possui uma dupla face também, porque pode ser extirpada pela aplicação do "dever de proteção", valendo lembrar, nesse sentido, da decisão da Suprema Corte Argentina, que impediu a perpetuação de uma anistia aos agentes do Estado policial, que não se livraram de suas punições. E é nessa decisão, também, que se pode basear a argumentação de que a aplicação constitucional do princípio da proibição de proteção deficiente não viola o princípio da legalidade, ques-*

tão que também já foi definida pelo Tribunal Constitucional Alemão no recente julgamento dos atiradores do muro de Berlim. Enfim, o princípio da reserva legal é, antes de tudo, o princípio da reserva constitucional. É um princípio de proteção dos direitos fundamentais na sua dupla face."

Isto porque Malu sabe que interpretar é um ato de compreensão e que a perspecitiva geométrica do Direito é entulho ideológico que polui (ainda) a praia do Direito. Em tempos de "analfabetismo funcional dos atores jurídicos", cada vez mais é preciso levar a formação a sério, desde um ponto de vista hermenêutico. Perceba-se que o encadeamento de sentido depende, na matriz, no ponto de amarração, de um desvelar hermenêutico. Sem ele, a partida hermenêutica estará viciada porque o campo em que será disputado o embate é minado. Pode-se até realizar a partida e durante se fazer um gol, mas quando menos se espera, a ordem é recomposta... Por isto parece fundamental que se imponha, de alguma forma, "o" campo em que a partida será disputada, isto é, da hermenêutica filosófica. Somente neste campo é possível promover condições para uma "resposta certa constitucionalmente adequada" (Lenio Streck), em face de sujeitos que se reconheçam em igualdade de proteção constitucional e que não se aceite ninguém na posição de Sexta-feira!

Jorge Luis Borges dizia que os livros embora não saibam que o autor existe, até porque "entes", guardam uma relação diferenciada, talvez de pertencimento, ou seja, de fazerem parte do autor mesmo não fazendo. E o primeiro livro, de fato, nunca se esquece! Claro que existem textos publicados com os quais se possui um certo carinho. Nada se compara, todavia, a um livro... o primeiro livro de muitos, espera-se, é da ordem do acontecimento... E nestes casos a proteção nunca pode ser deficiente, nem em excesso, mas na justa medida do desejo!

Alexandre Morais da Rosa

Doutor em Direito (UFPR). Realizou estágio de pós-doutoramento em Direito (Faculdade de Direito de Coimbra e UNISINOS). Professor do Programa de Mestrado/Doutorado da UNIVALI (SC).
http://lattes.cnpq.br/4049394828751754

1. Notas introdutórias

A instauração da modernidade dá-se a partir da metáfora do contrato social firmado entre os homens e o soberano, com o objetivo de delimitar o espaço da civilização ante a barbárie, como se houvesse a possibilidade de se fazer a opção entre o direito e o não-direito. A evolução a partir dessa ruptura paradigmática caminha em direção à crescente autonomização do homem, que se transforma em um cidadão e necessita do direito para viver em comunidade. A lei, vista assim no nascedouro do Estado Moderno, tem esse papel interditório. Em outras palavras, a lei é o custo para se viver em sociedade. Em termos de uma tipologia ideal, é o primeiro passo rumo à instauração e ao posterior triunfo da subjetividade. Não esqueçamos nunca que é a modernidade que instaura a racionalidade e, com isso, ocorre o triunfo do sujeito. De servo da gleba a súdito do Rei, de súdito a cidadão. A noção de cidadania tem, na instauração do liberalismo, o ponto inicial para um novo direito desenvolvido a partir de um Estado que rompeu com o Absolutismo. O Direito Penal, como forma de interdição, acompanha esse avanço do homem (*antrophos*) em direção à sua emancipação.

A concepção iluminista do direito, e em especial do Direito Penal, vai, aos poucos, construindo uma idéia de aplicação da sanção que supera o uso do corpo por parte do Estado. Daí que, em face da tipológica Revolução Francesa que instaura o Estado legal e, na seqüência, o Estado Liberal, o direito assume-se como o remédio que se coloca como contraponto a um Estado cuja primeira tarefa ainda era a superação do Absolutismo. E o contraponto do Absolutismo é exatamente um Estado absenteísta; por isso, este não vai se preocupar em preservar a cidadania do indivíduo em face dos fatores sociais que se instauraram naquele momento histórico.

A questão que se coloca é: se o Estado foi conquistado pela burguesia – a partir da Revolução de 1789 na França – que se tornou a classe dominante e a esta deveria servir, por que esse Estado deveria se preocupar em reequilibrar as distâncias sociais que inexoravelmente se criaram? E é justamente por isso que o pensamento dominante no século XIX era o de que o direito deveria ter somente a função mínima de proteger o cidadão contra as arbitrariedades do Estado. Afinal de contas, a burguesia não estava preocupada em superar qualquer diferença social, já que a intenção era somente romper com os poderes da monarquia. Nunca é demais lembrar que a burguesia abrira mão do seu poder político para preservar o poder econômico quando do surgimento do Estado moderno – absolutista. Agora era a vez de retomar o que havia delegado.

As vicissitudes históricas acabaram por transformar esse Estado em um Estado com uma tarefa para além da simples defesa dos interesses das camadas dominantes, passando, a partir de então, a ter de proteger os interesses das camadas que, exatamente por não terem tido a proteção deste Estado, passaram a colocar em risco sua própria sobrevivência. Para isso, basta lembrar os diversos focos revolucionários do século XIX e a grande Revolução Soviética de 1917, ano, aliás, do surgimento da primeira Constituição (México) que rompe com a concepção liberal dos séculos XVIII e XIX, bem como a Constituição de Weimar (1919), no mesmo sentido, e a do Brasil em 1934.

O segundo pós-guerra apresenta-se como o cenário ideal para uma espécie de "ajuste de contas" entre o direito, a política, e a sociedade. Com efeito, os textos constitucionais se transformaram em um *locus* privilegiado desse novo perfil do direito, isto é, preocupado não apenas em proteger o indivíduo, mas, sim, com o resguardo da comunidade a partir de uma nova dimensão de direitos. Apresenta-se aí um espaço para a reformulação da teoria do bem jurídico. Isto é, parece evidente, ou assim deveria ser, que o conteúdo protetivo dos séculos XVIII e XIX sofria uma ruptura decorrente de uma sociedade que acabara de atravessar duas grandes guerras em que o direito havia fracassado. Em outras palavras, a política acabou por superar o direito, e o positivismo apenas serviu para legitimar regimes autoritários, já que mesmo esses precisam do direito para se afirmar. Dito de outro modo, sempre haverá um "jurista de plantão" para dar foros de legalidade a qualquer autoritarismo.

Efetivamente os textos constitucionais resgataram essa nova perspectiva do direito. E é nesse sentido que o presente livro quer demonstrar que o Direito Penal não poderia ficar imune a essa transformação paradigmática. O ponto de encontro disso se dá na função protetiva do Direito Penal a esses novos bens jurídicos constantes na materialidade das novas constituições. O dever de proteção do Estado, arraigado e sustentado em uma postura unilateral própria do nascedouro da perspectiva iluminista da ciência criminal, passa a ser questionado por uma espécie de "lado B". Em outras palavras, quando se fala em proteção de direitos fundamentais, o novo paradigma necessariamente deveria apontar para um duplo viés: se antes se protegia o cidadão contra o Estado, agora faz-se frente ao Estado e através dele. Para ser mais simples, o Estado se transforma de "inimigo" para "amigo" dos direitos fundamentais.

Para atingir os objetivos dessa discussão, a presente obra é desenvolvida em três partes e mais uma síntese conclusiva. Com efeito, no capítulo primeiro discutimos a trajetória do Estado Moderno, nascido à revelia de um constitucionalismo, até o atual Estado Democrático de Direito, destacando o papel fundamental de um constitucionalismo compromissório e dirigente, responsável por limitar a conformação legislativa ao estrito cumprimento constitucional. A partir disso, analisamos as influências recebidas pela teoria do bem jurídico penal, que passa a ter em seu leque protetivo, além dos bens jurídicos característicos de um Estado Liberal, bens jurídicos de cariz transindividual.

Esta primeira etapa forneceu-nos sustentação para o desenvolvimento do segundo momento, em que passamos a tratar da proibição de proteção deficiente (*Untermassverbot*), princípio umbilicalmente atrelado à noção de proporcionalidade. Da mesma forma que o Estado Constitucional, o princípio da proporcionalidade teve sua evolução em conjunto com a noção de proteção de direitos. Primeiro como princípio de proteção contra os excessos estatais; segundo como efetivador do dever de proteção do Estado.

A partir disso, temos uma ampliação da noção de proteção dos direitos fundamentais.

Em um terceiro e último momento, passamos a analisar as diversas aplicações do princípio da proibição de proteção deficiente no Direito Penal, desde uma perspectiva jurisdicional até uma visão do âmbito legislativo, onde encontramos e denunciamos as recorrentes inconstitucionalidades por insuficiência prestacional do Estado para com os direitos fundamentais.

Nas conclusões apresentamos os avanços dessa perspectiva de dupla proteção dos diretos fundamentais, fazendo uma breve reconstrução do trabalho. O método utilizado é o fenomenológico, visto como interpretação ou hermenêutica universal (Heidegger), como revisão crítica e reconstrutiva da tradição da teoria do Estado, da teoria da Constituição, e do Direito Penal, por intermédio da intersubjetividade, na qual a linguagem é utilizada a todo o tempo no plano da historicidade. Por isso, a todo o momento, a obra não se descola dos efeitos concretos que o direito tem na sociedade.

2. Evolução do Direito e do Estado – o papel do Direito Penal

Em uma pesquisa acerca do papel ou da função do Direito Penal não podemos deixar de nos "situar hermeneuticamente", isto é, delimitar historicamente o espaço e tempo que contextualizam o fenômeno estudado. O Direito Penal ocupa especial espaço nesse contexto, uma vez que passamos a discutir, no decorrer dos anos, de que modo o novo paradigma (constitucionalismo do segundo pós-guerra) atinge esse ramo da ciência criminal, mormente em um país de contrastes sociais tão flagrantes como o Brasil. Por isso, é fundamental que discutamos a "situação hermenêutica" em que se encontra o Direito Penal nessa quadra da história, enfim, de que modo ocorreu esse desenvolvimento no e a partir do Estado Moderno.

Para uma melhor compreensão do fenômeno, é importante recordar o ponto de chegada (séculos XX e XXI) e as profundas transformações ocorridas nesse cenário, para, na seqüência, compreender a instauração do sentido da lei na modernidade, na contraposição entre civilização e barbárie. Com efeito, como bem assinala Lenio Streck, o século XX foi generoso para com o direito e a filosofia, proporcionando duas grandes revoluções copernicanas. No campo jurídico, deu-se a superação do positivismo privatístico – em que os interesses públicos eram deixados de lado – a partir de um constitucionalismo principiológico, resgatando o mundo prático até então aprisionado pelo positivismo. No fundo, essa revolução pode ser resumida pela frase cunhada por Paulo Bonavides ao receber a medalha Teixeira de Freitas, no Instituto dos Advogados do Brasil, no Rio de Janeiro: "Ontem os códigos; hoje, as Constituições". No campo da filosofia, deu-se o giro lingüístico-ontológico, a partir de Martin Heidegger e Ludwig von Wittgenstein, sacramentada para o direito a partir de Verdade e Método, de Hans-Georg Gadamer. Interpretar já não é mais um ato de conhecimento, mas, sim, um ato de compreensão; interpretar já não é extrair o sentido da norma, mas, sim, atribuir sentidos a partir do modo prático de ser no mundo, com a especial peculiaridade de que o direito está vinculado exatamente a essa revolução copernicana do (neo)constitucionalismo.[1]

É nesse ambiente histórico que se dá a percepção necessária acerca do (novo) papel do direito e do Estado. Já não se pode olhar o direito a partir de um mundo de regras (como queriam Hans Kelsen e Herbert Hart). O constitucionalismo assumiu uma postura radical, quase revolucionária[2], ambiente propício para o surgimento do constitucionalismo dirigente e compromissório. O Estado muda de feição, assumindo uma nova postura de "amigo dos direitos fundamentais", ao passo que o direito passa a ser o instrumento de transformação social. É nesse contexto que deve ser visto o Direito Penal, bem como o papel dos direitos fundamentais, em uma nova concepção de bem jurídico proporcionada por esta fase paradigmática do direito denominada de Estado Democrático de Direito.

2.1. O começo da modernidade: entre civilização e barbárie, o Estado absolutista

O século XVI foi o marco inicial do Estado Moderno, possibilitado na ruptura com a forma feudal[3] de produção, através do

---

[1] STRECK, Lenio Luiz. A concretização de direitos e a validade da tese da Constituição dirigente em países de modernidade tardia. In: AVELÃS NUNES, Antônio José; COUTINHO, Jacinto Nelson de Miranda (Orgs.). *Diálogos constitucionais: Brasil/Portugal*. Rio de Janeiro: Renovar, 2004, p. 301-371.

[2] O constitucionalismo passa por diversas etapas chegando a um "quase-paradoxo"; nasce conservador no século XVIII e, no século XX, vai ao ponto de explicitar, no texto da Constituição portuguesa, a mudança do modo de produção para o socialismo. Já o constituinte brasileiro optou por uma Constituição reformista, o que pode ser percebido mais especialmente no art. 3º.

[3] Forma estatal pré-moderna, de poder fragmentado, o modelo de produção feudal tinha por finalidade a própria manutenção do sistema. Era formado por três gran-

advento do Estado absolutista. É impossível falar em constitucionalismo e, conseqüentemente, em suas conquistas, sem mencionar a forma absoluta de poder monárquico que perdurou na Europa entre os séculos XVI e XVIII.

Por Estado absoluto se entende um momento particular de desenvolvimento político, em que se constata uma diferenciação institucional com a criação de novos ofícios e especificações de novas funções, produzidas pela pressão internacional e exigências internas na sociedade.[4]

O Estado, personificado na figura do monarca, é o único protagonista da política e responsável por representar essa unidade de modo superior e imparcial a respeito das opiniões dos súditos. Essa premissa permite uma maior capacidade para o governo central penetrar na sociedade e regular o comportamento dos indivíduos e das forças sociais, extraindo maiores recursos com instrumentos e procedimentos mais racionais.[5]

Portanto, a soberania é o principal fundamento do Estado absolutista, na medida em que se concentram todos os poderes nas mãos do monarca, em uma espécie de monopólio do poder político e da força. Nesse modelo, não se reconhecia qualquer outra autoridade, seja no plano internacional – *superiorem non recognoscens* – seja no plano interno, não se admitindo nenhuma espécie de justiça privada ou instância a ocupar ou participar do poder político.[6]

---

des classes: o clero, a nobreza e os servos da gleba. A nobreza era originalmente militar e se auto-atribuía um território e sua população. Os servos eram obrigados a cultivar – normalmente em um sistema de três campos – para si e para seu senhor, e não podiam abandonar a terra. Militarmente o senhor feudal protegia o território e a população de seu feudo. Possuía, ademais, o poder econômico, o político, o militar, o jurídico e o ideológico sobre tudo e sobre todos aqueles que estavam sob seu domínio. Como os rendimentos da agricultura eram sempre estáveis, a única forma de ampliar suas riquezas era anexando mais territórios e servos, e a forma de consegui-los era através das guerras e matrimônios. (CAPPELA, Juan Ramón. *Fruto Proibido*: uma aproximação histórico-teórica ao estudo do direito e do Estado. Porto Alegre: Livraria do Advogado, 2002, p. 84).

[4] MATTEUCCI, Nicola. *Organización del poder y libertad*: Historia del constitucionalismo moderno. Madrid: Trotta, 1998, p. 29.

[5] Idem, ibidem, p. 29.

[6] Idem, ibidem, p. 29.

Em verdade, as monarquias absolutas se apropriaram dos Estados da mesma forma com que os senhores feudais se apropriavam de terras e de seus servos,[7] mas há um substancial avanço, pois "[...] o homem do medievo passa de servo da gleba, praticamente propriedade do senhor feudal, para súdito do Rei. E a relação de poder passa de *ex parte príncipe* para *ex parte principio*",[8] questão que pode ser percebida na visão de Thomas Hobbes e na metáfora do contrato social.[9]

O poder monárquico estava fundamentalmente baseado na idéia de que este advinha de origem divina. Sendo assim, o Rei como "representante" de Deus na Terra, não tinha qualquer vínculo de limitação com relação ao seu poder. Logicamente, ele não se submetia a nada nem a ninguém.

---

[7] MORAIS, José Bolzan; STRECK, Lenio Luiz. *Ciência política e teoria do Estado*. 6. ed. Porto Alegre: Livraria do Advogado, 2008, p. 45.

[8] Idem, ibidem, p. 46.

[9] O acordo vigente entre "[...] os homens surgem através de um pacto, isto é, artificialmente. Portanto, não é de admirar que seja necessária alguma coisa a mais, além de um pacto, para tornar constante e duradouro seu acordo: ou seja, um poder comum que os mantenha em respeito, e que dirija suas ações no sentido do benefício comum. A única maneira de instituir um tal poder comum [...] é conferir toda sua força e poder a um homem, ou a uma assembléia de homens, que possa reduzir suas diversas vontades, por pluralidade de votos, a uma só vontade. [...] submetendo assim suas vontades à vontade do representante, e suas decisões a sua decisão. Isto é mais do que consentimento, ou concórdia, é uma verdadeira unidade de todos eles, numa só e mesma pessoa, realizada por um pacto de cada homem com todos os homens, de um modo que é como se cada homem dissesse a cada homem: *cedo e transfiro meu direito de governar-se a mim mesmo a este homem, ou a esta assembléia de homens, com a condição de transferires a ele teu direito, autorizando de maneira semelhante todas as suas ações*. Feito isso, a multidão assim unida numa só pessoa se chama Estado, em latim *civitas*. É esta a geração daquele grande Leviatã, ou antes (para falar em termos mais reverentes) daquele *Deus Mortal*, ao qual devemos, abaixo do *Deus Imortal*, nossa paz e defesa. [...] É nele que consiste a essência do Estado, a qual pode ser assim definida: *uma pessoa de cujos atos uma grande multidão, mediante pactos recíprocos uns com os outros, foi instituída por cada um como autora, de modo a ela poder usar a força e os recursos de todos, da maneira que considerar conveniente, para assegurar a paz e a defesa comum*. Àquele que é portador dessa pessoa se chama *soberano*, e dele se diz que possui *poder soberano*. Todos os restantes são *súditos*." (HOBBES, Thomas de Malmesbury. *Leviatã:* ou matéria, forma e poder de um Estado eclesiástico e civil. Tradução de João Paulo Monteiro e Maria Beatriz Nizza da Silva. 2. ed. São Paulo: Abril Cultural, 1979, p. 105-106).

No Estado absoluto, o monopólio da força se dava em três planos: jurídico, político e sociológico. Com relação ao primeiro, ao Estado – na figura do soberano – era confiada a produção ilimitada de normas jurídicas. No que tange ao plano político, o Estado comandava todas as forças, absorvendo toda a zona alheia a sua intervenção e controle e impondo uniformidade legislativa e administrativa. Essa ação eliminou todos os centros de autoridade que reivindicavam funções públicas, como é o caso das cidades, das Cortes e corporações, de modo a não existir mediações políticas entre a vontade do monarca e dos súditos. Por último, no plano sociológico, o Estado apresenta-se como Estado administrativo, na medida em que o soberano tem à sua disposição um instrumento novo, a burocracia, que atua de modo racional e eficiente. Essa estrutura administrativa aparece como algo externo à sociedade sobre a qual opera, baseando-se na divisão do trabalho, especialização e competência. Esse Estado, embora absoluto, não é arbitrário, já que a lógica de racionalidade técnica era a que dominava todo o funcionamento.[10]

A função histórica do Estado absolutista, aponta Jorge Miranda,[11] consistiu em reconstruir a unidade do Estado e da Sociedade, passando de uma situação de divisão de privilégios das ordens para uma situação de coesão nacional com uma relativa igualdade no que tange aos vínculos do poder.

O contraste entre o poder econômico obtido pela burguesia por intermédio da incrementação das bases do capitalismo e sua falta de poder político acabam levando-a à Revolução Francesa, marco inicial do Estado Liberal.

É desnecessário referir que o modelo absolutista não era um modelo de Estado constitucional, pois este só foi proporcionado com a convocação da assembléia constituinte, responsável por delegar à burguesia o poder político, antes privilégio somente dos monarcas. Portanto, para o que interessa a este trabalho, somente

---

[10] MATTEUCCI, Nicola. *Organización del poder y libertad*, op. cit., p. 34.

[11] MIRANDA, Jorge. *Manual de direito constitucional*: o Estado e os sistemas constitucionais. 6. ed. rev. atual. Coimbra: Coimbra Editora, 1997, p. 81.

a partir da Revolução Francesa,[12] e a partir daí com o liberalismo, é que podemos falar em direitos e garantias constitucionais.

2.2. O Estado liberal: as possibilidades do indivíduo frente ao "Leviatã"

Entende-se por constitucionalismo não tanto um período histórico, tão pouco uma corrente de pensamentos políticos ou sociais, mas, sim, um "tipo ideal"[13] que exprime todos os aspectos de uma dada realidade histórica, fundamentalmente quando abarca questões de limitações de poder e garantias fundamentais.

O Estado Constitucional[14] surge primeiramente como Estado Liberal,[15] fundamentado em valores burgueses de liberdade que buscavam a limitação do poder político tanto pela sua divisão interna como pela redução de funções perante a sociedade.[16] Esse modelo estava alicerçado em ideais que procuravam obter a superação do caos medieval e da primeira fase do Estado que superou a forma medieval: o absolutismo.

---

[12] Não podemos olvidar, à evidência, que a primeira Constituição nasce fora da Europa e da "tipologia ideal" que dali se extrai historicamente: trata-se da Constituição dos Estados Unidos da América, de 1787, que antecede a Revolução Francesa e o nascedouro, em terras européias, do Estado Liberal.

[13] Expressão utilizada por Matteucci. (MATTEUCCI, Nicola. *Organización del poder y libertad*, op. cit.)

[14] Jorge Miranda traz uma noção básica de Estado constitucional ao referir que é o "Estado assente numa Constituição reguladora tanto de toda a sua organização como da relação com os cidadãos e tendente à limitação de poder". (MIRANDA, Jorge. *Manual de direito constitucional*, op. cit., p. 86).

[15] O termo liberal, em seu sentido político, foi utilizado pela primeira vez nas Cortes de Cádiz em 1812, como referência ao partido que defendia idéias de liberdades públicas constitucionais. (MATTEUCCI, Nicola. *Organización del poder y libertad*, op. cit., p. 259).

[16] MIRANDA, Jorge. *Manual de direito constitucional*, op. cit., p. 86-87.

De registrar que a superação do absolutismo pelo contratualismo[17] de Jean Jacques Rousseau[18] nada mais fez do que deslocar a soberania do *um* para a soberania do *todo*, consistente na vontade

[17] Resumidamente, "[...] para Hobbes, o contrato social, à maneira de um pacto em favor de terceiro, é firmado entre os indivíduos que, com o objetivo de preservarem suas vidas, transferem a outrem não partícipe (homem ou assembléia) todos os seus poderes – não há, ainda, que se falar em direitos, pois estes só aparecem com o Estado. Ou seja: para pôr fim à guerra, despojam-se do que possuem em troca de segurança do Leviatã. Contrapondo Hobbes, para Locke o poder estatal é essencialmente um poder delimitado. O erro do soberano não será a fraqueza, mas o excesso. E, em conseqüência, para isso, admite o direito de resistência. A soberania absoluta, incontrastável, do primeiro cede passo à teoria do pai do individualismo liberal, na qual ainda consta o controle do Executivo pelo Legislativo e o controle do governo pela sociedade (cernes do pensamento liberal). Altera-se o conteúdo do contrato, se comparado com Hobbes. Em Locke, a existência-permanência dos direitos naturais circunscreve os limites da convenção e do poder dela derivados. O pacto de consentimento que se estabelece serve para preservar e consolidar os direitos preexistentes no estado natural. A convenção é firmada no intuito de resguardar a emersão e generalização do conflito. Através dela, os indivíduos dão o seu consentimento para a entrada no mundo civil e, posteriormente, para a formação do governo quando, então, se assume o princípio da maioria. Já no terceiro contratualista- Jean-Jacques Rosseau- há um sensível deslocamento da noção de soberania. Para chegar naquilo que Rosseau denominou de contrato social, é fundamental que se compreenda o estado de natureza e a inserção do homem em comunidade. Com efeito, o estado de natureza em Rosseau é somente uma categoria histórica para facilitar esse entendimento. Assim, no 'Discurso sobre a desigualdade', Rosseau diz que 'o verdadeiro fundamento da sociedade civil foi o primeiro que, depois de haver delimitado um terreno, pensou em dizer 'isto é meu', e falou a outros, tão ingênuos para nele acreditarem'. A desigualdade nasceu, pois, junto com a propriedade, e, com a propriedade, nasce a hostilidade entre os homens. Com isso se percebe a visão pessimista de Rosseau sobre a história, ao ponto de Voltaire ter classificado o Discurso sobre a origem e os fundamentos da desigualdade entre os homens como sendo um 'libelo contra o gênero humano'". (MORAIS, José Bolzan; STRECK, Lenio Luiz. *Ciência política e teoria geral do Estado*. Porto Alegre: Livraria do Advogado, 2000, p. 40-41).

[18] "Creio poder estabelecer como princípio indiscutível que somente a vontade geral pode dirigir as forças do Estado segundo a finalidade de sua instituição, que é o bem comum; com efeito, se para que aparecessem as sociedades civilizadas foi preciso um choque entre os interesses particulares, o acordo entre esses é o que as faz possíveis. O vínculo social é a conseqüência do que existe em comum entre os interesses divergentes, e se não houvesse nenhum elemento no qual coincidissem os interesses, a sociedade não poderia existir. Isto posto, porquanto que a vontade sempre se dirige para o bem do ser que quer e a vontade particular sempre tem por objetivo o bem privado, enquanto que a vontade geral se dirige ao interesse comum, disso se deduz que somente esta última é, ou deve ser, o verdadeiro motor do campo social". (ROUSSEAU, Jean Jacques. *Do contrato social*. Tradução de Pietro Nasseti. São Paulo: Martin Claret, 2004).

geral, princípio este que dá legitimidade ao poder. Essa vontade referida por Rousseau não surge de uma submissão a um terceiro, como na idéia de contrato de Hobbes, mas sim de uma união entre iguais, de modo que cada cidadão renuncie a seus interesses em nome de um bem maior, a coletividade.[19] Dito de outro modo e explicando melhor, esse modelo foi utilizado como forma de contrapor o contratualismo e a soberania popular, idéias basilares da Revolução Francesa, assim também como forma de limitação à Constituição e aos poderes do rei. Refere Gilberto Bercovici[20] que "desta forma, a Constituição do Estado evita os extremos do poder do monarca (reduzido à categoria de órgão do Estado, portanto, órgão regido constitucionalmente) e da soberania popular (o povo passa a ser visto como um dos elementos do Estado)".

Segundo Jorge Miranda,[21] "o Estado só é Estado Constitucional, só é Estado racionalmente constituído, para os doutrinários e políticos do constitucionalismo liberal, desde que os indivíduos usufruam de liberdade, segurança, propriedade e desde que o poder esteja distribuído por diversos órgãos." A partir do Estado Liberal, em vez de os indivíduos estarem à mercê do soberano, eles agora possuem direitos contra ele, imprescritíveis e invioláveis. Além disso, o poder também passa a ser limitado por outros órgãos, tais como a Assembléia ou Parlamento, Ministros e Tribunais. Por essa razão, o autor português afirma a necessidade de uma Constituição desenvolvida e complexa: "[...] quando o poder é mero atributo do Rei e os indivíduos não são cidadãos, mas sim súditos, não há grande necessidade de estabelecer pormenor regras de poder; mas quando o poder é decomposto em várias funções apelidadas de *poderes do Estado*, então é mister estabelecer certas regras [...]" que ditarão as relações e as funções que cada órgão exercerá dentro da unidade estatal. A idéia de Constituição, mais do que uma garantia, é uma direção de garantia – o fim está na pro-

---

[19] ROUSSEAU, Jean Jacques. *Do contrato social*, op. cit.

[20] BERCOVICI, Gilberto; LIMA, Martonio Mont'Alverne B.; MORAES FILHO, José Filomeno de.; SOUZA NETO, Cláudio Pereira de. *Teoria da Constituição*: estudos sobre o lugar da política no direito constitucional. Rio de Janeiro: Lumen Juris, 2003, p. 79.

[21] MIRANDA, Jorge. *Manual de direito constitucional*: tomo II. 4. ed. rev. atual. Coimbra: Coimbra editora, 2000, p. 17.

teção que se conquista em favor dos indivíduos, e a Constituição é um meio para isso.

Nesse momento, a Constituição é compreendida como instrumento de governo, ou seja, como um estatuto jurídico e político fundamental para a organização do Estado. Foi por meio" [...] da Constituição, compreendida como organização e limitação do poder político, que se justifica o Estado, que, legitimado pelo direito e pelo regime representativo, passa a ser concebido como Estado de Direito, como Estado Constitucional".[22] A Constituição é a auto-organização de um povo, é o ato pelo qual este se obriga e obriga os seus representantes, é o ato mais elevado do exercício da soberania.[23]

É na época liberal que a sociedade volta a afirmar-se, englobando tudo quanto se pretende que fique subtraído à ação do poder. Esse Estado tem em vista uma sociedade que fique livre da direção do poder.[24]

As transformações pelas quais o Estado Constitucional passa no século XIX não se resumem apenas ao campo político, mas também ao campo social, derrubando os antigos hábitos e adquirindo novos valores. Há a reestruturação de uma nova sociedade. E com ela um anseio de liberdades jurídicas e individuais.[25]

Nesse momento histórico, a grande preocupação é a defesa de direitos individuais, de tal modo que o bem jurídico (penal) será delimitado por noções de liberdade negativa, ou seja, defesa do indivíduo contra as arbitrariedades do Estado, pois para os liberais ele é necessariamente um opressor, sendo função do direito proteger o indivíduo desse abuso. Nas palavras de Paulo Bonavides,[26] "na doutrina do liberalismo, o Estado foi sempre o fantasma que atemorizou o indivíduo. O poder, que não pode prescindir do

---

[22] CATTONI DE OLIVEIRA, Marcelo Andrade. *Direito constitucional*. Belo Horizonte: Mandamentos, 2002, p. 56.

[23] MIRANDA, Jorge. *Manual de direito constitucional*, op. cit., p. 18.

[24] MIRANDA, Jorge. *Teoria do Estado e da Constituição*. Rio de Janeiro: Forense, 2002, p. 171-172.

[25] Idem, ibidem, p. 86.

[26] BONAVIDES, Paulo. *Do Estado liberal ao Estado social*. 7. ed. São Paulo: Malheiros, 2004, p. 40.

ordenamento estatal, aparece, de início, na moderna teoria constitucional como o maior inimigo da liberdade".

Nesse contexto, o Estado é visto como um "mal", ou como ilustra Thomas Hobbes, como o "Leviatã". A sociedade, por outro lado, é vista como boa, havendo aqui uma clara diferenciação entre Estado e Sociedade, pois é com a redução da intervenção estatal que a sociedade poderia se desenvolver de uma forma próspera.

A forma de racionalização e legitimação das conquistas liberais se daria por intermédio da Constituição. Nesse sentido, Jorge Miranda[27] vai dizer que

> o constitucionalismo – que não pode ser compreendido senão integrado com as grandes correntes filosóficas, ideológicas e sociais dos séculos XVIII e XIX – traduz exactamente certa idéia de Direito, a idéia de Direito liberal. A Constituição em sentido material não desponta como pura regulamentação jurídica do Estado; é a regulação do Estado conforme os princípios proclamados nos grandes textos revolucionários. O Estado só é Estado constitucional, só é Estado racionalmente constituído, para os doutrinários e políticos do constitucionalismo liberal, desde que os indivíduos usufruam de liberdade, segurança e propriedade e desde que o poder esteja distribuído por diversos órgãos. [...] Em vez de os indivíduos estarem à mercê do soberano, eles agora possuem *direitos* contra ele, imprescindíveis e invioláveis. [...] A idéia de Constituição é uma garantia e, ainda mais, de uma direcção da garantia. Para o constitucionalismo, o fim está na proteção em que se conquista em favor dos indivíduos, dos homens cidadãos, e a Constituição não passa de um meio para o atingir. O Estado constitucional é o que entrega à Constituição o prosseguir a salvaguarda da liberdade e dos direitos do cidadão, depositando as virtualidades de melhoramento na observância dos seus preceitos, por ela ser a primeira garantia desses direitos.

Numa concepção de bem jurídico do modelo liberal, os direitos fundamentais surgem como necessários para limitar o poder do Estado, sendo que nesse momento do constitucionalismo representam um conjunto de restrições do Estado para com o indivíduo. É por isso que as primeiras normas relacionadas aos direitos fundamentais são de natureza negativa, pois impõem uma obrigação de não fazer por parte do Estado, exigindo dele um comportamento omissivo em favor da liberdade individual. Nesse sentido André Copetti[28] diz que "isso levou à secularização da forma 'a lei apenas

---

[27] MIRANDA, Jorge. *Teoria do Estado e da Constituição*, op. cit., p. 325-326.
[28] COPETTI, André L. Racionalidade Constitucional Penal Pós-88: uma análise da legislação penal face ao embate das tradições individualista coletivista. In: ROCHA, Leonel Severo; STRECK, Lenio Luiz; MORAES, Bolzan de [*et. al.*] (Orgs.). *Constitui-*

no âmbito dos direitos fundamentais', como a mais adequada solução a todos os problemas que pudessem surgir das relações entre essa espécie de direitos constitucionalizados e a lei [...]".

Apesar de o Estado Liberal trazer inúmeros progressos com relação às conquistas de direitos, isso não bastou para assegurar a dignidade humana. Por tais razões é que no século XX houve a transformação da fase liberal do Estado constitucional para uma fase social. Na verdade, aquilo que foi o cerne do Estado Liberal – o absenteísmo – transformou-se em sua derrocada. Ou seja, foi da crise do Estado Liberal que surgiram as condições para a sua superação. E esta só poderia vir por meio de uma inversão no papel do Estado: do absenteísmo ao intervencionismo.

2.3. O Estado social e a busca de direitos para além do indivíduo

Na seqüência de duas guerras mundiais, ocorreram transformações do Estado num sentido de oposição às idéias centrais do liberalismo, dentre elas o *laissez faire, laissez passer*. Mudanças essas de fundo democrático, intervencionista e social. Trata-se aqui de articular direitos de liberdades e garantias com direitos sociais, bem como o de articular igualdade jurídica com igualdade social e segurança jurídica com segurança social.[29] Acabam por estender seu domínio de garantias aos direitos do homem, do trabalhador, do cidadão, como objetivos da vida social, permitindo a intervenção estatal na economia, ou até mesmo a impondo, estruturando os entes públicos e privados.[30] Até mesmo porque, para garantir o aproveitamento dos direitos individuais adquiridos, era necessário garantir as condições para o seu aproveitamento.

Trata-se de uma etapa do Estado que aponta para o resgate das insuficiências produzidas pelo liberalismo. Não se trata mais agora de um Estado "neutro", indiferente a conflitos sociais, mas

---

ção, sistemas sociais e hermenêutica: programa de pós-graduação em Direito da UNISINOS: mestrado e doutorado. Porto Alegre: Livraria do Advogado, 2005, p. 218.

[29] MIRANDA, Jorge. *Manual de direito constitucional*, op. cit., p. 86.

[30] MIRANDA, Jorge. *Teoria do Estado e da Constituição*, op. cit., p. 328.

sim um modelo conformador da realidade social que buscava, inclusive, estabelecer formas de vida concretas, impondo pautas "públicas" de "vida boa".[31]

O Estado toma como tarefa fundamental a necessidade de conformação da sociedade, que passa a não ser mais vista na dicotomia Estado-indivíduo. Lança mão, para tanto, das condições mínimas previstas no texto constitucional, transformando os direitos sociais em direitos de prestação efetiva. Daí que, se a revolução burguesa foi feita para proteger direitos de primeira dimensão, no Estado Social se tem a perspectiva de que é impossível usufruir da liberdade sem a satisfação das necessidades mínimas do indivíduo.

Por isso, é a partir do Estado Social que vislumbramos, pela primeira vez, um modelo que não se limita a uma vinculação negativa dos direitos – como ocorria no liberalismo – exigindo-se uma postura positiva por parte do Estado, no sentido de promover as condições mínimas de existência dos indivíduos e da coletividade, buscando promover da melhor e mais ampla forma possível as necessidades sociais de todos.

No campo do constitucionalismo, esse novo marco intervencionista ocorre paradigmaticamente nas Constituições de Queretato do México de 1917 e de Weimar de 1919. Assim, à segunda dimensão dos direitos (os sociais) corresponde uma segunda fase do constitucionalismo. Conseqüentemente a proteção dos direitos passa a ter uma nova dimensão. Após a ruptura com o paradigma liberal, o Estado Social vem redefinir os clássicos direitos à vida, liberdade, propriedade, segurança e igualdade. O cidadão, antes cidadão-proprietário, passa a ser visto como "cliente" de uma administração pública que busca garantir bens e serviços.[32]

Com o Estado Social houve a consolidação de uma nova matriz constitucional e, como assevera André Copetti,[33]

> [...] através da positivação de direitos sociais, econômicos e culturais, houve uma ampliação no âmbito das pretensões jurídicas, possíveis de serem manifestadas pelos cidadãos. Partiu-se de um quadro normativo institucional em que apenas

---

[31] CATTONI DE OLIVEIRA, Marcelo Andrade. *Direito constitucional*, op. cit., p. 59.
[32] Idem, ibidem, p. 59.
[33] COPETTI, André L. *Racionalidade Constitucional Penal Pós-88*, op. cit., p. 218.

pretensões de omissões podiam ser interpostas contra o Estado, para outro, muito mais complexo, no qual se positivou possibilidades de exigências de proibição de omissões às instituições estatais, contemplando-se assim, a perspectiva de tutela não só de direitos subjetivos dos indivíduos atomizados, mas também de direitos e interesses de grupos determinados e parcelas difusas da população, constituindo-se, a partir disso, um âmbito não- individual de tutela jurídica.

Embora os avanços do Estado Social em relação ao Estado Liberal, seu caráter intervencionista desconsiderava a democracia e os direitos fundamentais,[34] circunstância que, após o segundo pós-guerra, engendrou as possibilidades de um (novo) avanço na concepção de Estado e de Direito, como veremos em seguida.

Nunca é demais lembrar que o Estado Social no Brasil nunca passou de um simulacro, pois jamais consolidou-se tal como ocorreu nos países europeus. Isso porque a América Latina, diferente da Europa, passou por processos de colonização, industrialização tardia e governos autoritários, o que não permitiu o desenvolvimento de um modelo de Estado Social. Ocorre que, em terras latino-americanas, o intervencionismo estatal soava historicamente como uma espécie de autoritarismo, construindo-se, a partir disso, a idéia oposta de um Estado providência, o que fez com que as disparidades sociais fossem acentuadas.[35]

2.4. O Estado Democrático de Direito e o dirigismo constitucional como revolução no constitucionalismo: a busca do resgate das promessas incumpridas da modernidade

O Estado Democrático de Direito tem um conteúdo transformador das relações sociais, não se limitando a uma melhora nas adaptações das condições de existência, como fazia o Estado Social. Além disso, impõe a ordem jurídica e a atividade do Esta-

---

[34] Entendemos que os direitos fundamentais somente serão considerados em sua plenitude em um contexto de Estado Democrático e Constitucional, pois a falta de democracia acaba gerando regimes totalitários.

[35] MORAIS, José Bolzan; STRECK, Lenio Luiz. *Ciência política e teoria geral do Estado*, op. cit., p. 81.

do um conteúdo de transformação da realidade.[36] Ao contrário do que acontecia nos modelos anteriores, que tinham a finalidade de adaptação ao conjunto de acontecimentos da ordem estabelecida, no paradigma do Estado Democrático de Direito o objetivo é a igualdade, não sendo suficiente a "[...] limitação ou a promoção da atuação estatal, mas referenda a pretensão à transformação do *status quo*. A lei aparece como instrumento de transformação da sociedade não estando mais atrelada inelutavelmente à sanção ou à promoção".[37] No fundo, o Estado Democrático de Direito é um *plus* normativo em relação às etapas anteriores, como bem lembram Lenio Streck e Bolzan de Morais.

No campo do constitucionalismo, a Teoria da Constituição se pergunta em que medida uma lei fundamental pode transformar-se em programa normativo do Estado e da sociedade. Numa concepção tradicional e ultrapassada da problemática das tarefas do Estado está presente um viés de normatividade ideológica negativa de funções, ou seja, os direitos fundamentais como garantia dos cidadãos apenas contra as arbitrariedades do Estado. No momento, eis que surge um novo paradigma, superando as tarefas clássicas do Estado, tem-se ele como efetivador dos direitos fundamentais, como um garantidor desses direitos.[38]

Desse modo, a lei fundamental passou a ter as experiências concretas do político. Respondendo aos problemas de positividade, normatização e legitimidade das tarefas estaduais, a lei fundamental aproxima-se de um plano em que realidade se assume como tarefa tendente à transformação do mundo ambiente que limita os cidadãos. Esse novo paradigma corresponde à Constituição Dirigente.[39]

O legado do constitucionalismo na sua terceira fase, fundamentada em valores de democracia e direitos fundamentais, trouxe à discussão a questão do constitucionalismo dirigente, idéia

---

[36] MORAIS, José Bolzan; STRECK, Lenio Luiz. *Ciência política e teoria geral do Estado*, op. cit., p. 90-91.

[37] Idem, ibidem, p. 91.

[38] CANOTILHO, José Joaquim Gomes. *Constituição dirigente e vinculação do legislador*. Contributo para a compreensão das normas constitucionais programáticas. Coimbra: Coimbra Editora, 1994, p. 166-168.

[39] Idem, ibidem, p. 169.

esta trazida ao Brasil pelo mestre português Joaquim José Gomes Canotilho. A idéia central de Constituição Dirigente "é a proposta de legitimação material da Constituição pelos fins e tarefas previstos no texto constitucional".[40] A partir dessa idéia de Constituição, Canotilho buscou afirmar a "força atuante do direito constitucional"[41], onde esta não é apenas uma garantia existente, mas também um programa para o futuro, por meio do qual Estado e a sociedade estão interligados. Nesse sentido, a idéia de dirigismo constitucional está relacionada com defesa da mudança da realidade através direito. É a Constituição que dará a base jurídica para a mudança social.[42]

Originalmente, a idéia de Constituição Dirigente vem da tese de Peter Lerche, denominada *dirigierende Verfassung*, depois adaptada para o constitucionalismo português pós Revolução dos Cravos. Na concepção de Canotilho, a Constituição dirigente e compromissória dizia respeito ao texto constitucional que tinha um caráter revolucionário, na medida em que indicava transformações sobre o modo de produção rumo ao socialismo. Após muitas alterações no texto português, essas medidas transformadoras e revolucionárias foram retiradas. No entanto, a Constituição brasileira se viu diante desse caráter revolucionário constante na Magna Carta portuguesa, embora não num sentido de caminho ao socialismo, mas sim em direção a um avanço no modelo de Estado, estabelecendo bases de um Estado Social. Aliás, eis aí, como diz Lenio Streck, uma diferença entre o "constitucionalismo revolucionário português" e o "constitucionalismo reformista" do Brasil, onde a Constituição de 1988 apontou "apenas" para uma mudança do modelo de Estado.[43] Desse modo, podemos constatar que a Constituição Dirigente é a

---

[40] BERCOVICI, Gilberto; LIMA, Martonio Mont'Alverne B.; MORAES FILHO, José Filomeno de.; SOUZA NETO, Cláudio Pereira de. *Teoria da Constituição*, op. cit., p. 117.

[41] CANOTILHO, José Joaquim Gomes. *Constituição dirigente e vinculação do legislador*, op. cit., p. 27.

[42] BERCOVICI, Gilberto; LIMA, Martonio Mont'Alverne B.; MORAES FILHO, José Filomeno de.; SOUZA NETO, Cláudio Pereira de. *Teoria da Constituição*, op. cit., p. 119.

[43] STRECK, Lenio Luiz. *Jurisdição constitucional e hermenêutica*: uma nova crítica do direito. 2. ed. rev. ampl. Rio de Janeiro: Forense, 2004, p. 134.

radicalização de um modelo de Constituição que se seguiu após a Segunda Guerra Mundial.

Em sua obra "Constituição Dirigente e Vinculação do Legislador", Gomes Canotilho vai se preocupar em combater a discricionariedade legislativa, ou seja, num dirigismo constitucional o legislador não poderá dispor da Constituição de acordo com sua vontade. Ademais, a questão passa por combater o excesso legislativo no que tange ao desvio de finalidades constitucionais. Por isso, Gilberto Bercovici[44] diz que "em relação ao cumprimento do texto constitucional, um dos problemas dessa concepção de Constituição é o fato de que, ao recear deixar a Constituição nas mãos do legislador, a Teoria da Constituição Dirigente acaba entregando a decisão sobre as questões constitucionais ao judiciário". Uma vez que os problemas da Constituição Dirigente são, em sua maioria, de concretização constitucional, o papel dos órgãos de controle de constitucionalidade torna-se fundamental, contribuindo, ainda mais, para a despolitização da Constituição.[45]

Assim, se o Estado Constitucional Democrático não se identifica com um Estado de Direito formal reduzido a simples ordem de organização e de processo, e visa legitimar-se como um Estado de justiça (social), histórico-concretamente realizável (e não simplesmente como Estado de razão ou de direito abstrato), o problema reconduz-se sempre à concepção de justiça social, erguida em fator de legitimação constitucional. O problema da Constituição Dirigente surge, pois, como um problema de legitimação: a conformação social, a distribuição de bens e a direção do processo econômico deslocam a questão da legitimidade da ordem constitucional e da validade do direito constitucional para o campo da legitimação do capitalismo tardio, do reformismo e do socialismo, vindo, assim, a entroncar nos debates sobre o Estado e a produção da sociedade.[46]

Nessa linha, Gomes Canotilho identifica um divisor de águas na percepção do problema do valor da Constituição, questão que,

---

[44] BERCOVICI, Gilberto; LIMA, Martonio Mont'Alverne B.; MORAES FILHO, José Filomeno de.; SOUZA NETO, Cláudio Pereira de. *Teoria da Constituição*, op. cit., p. 118.

[45] Idem, ibidem, p. 118.

[46] CANOTILHO, José Joaquim Gomes. *Constituição dirigente e vinculação do legislador*, op. cit., p. 24.

passados 20 anos da Constituição do Brasil, ainda tem plena validade. Para ele,

> quem defende uma perspectiva democrático-social do Estado (socialista ou social-democrática), aceita que na Constituição venham traçados os princípios fundamentais, socialmente conformadores; quem visualiza o problema da justiça sob uma ótica liberal-individualista contestará o paternalismo social da lei fundamental e a extensão dos efeitos externos nela consagrada, apelando para uma constituição da liberdade, para uma cura da elegância do Estado e para os perigos de sobrecarga do governo.[47]

Mais ainda, o mestre português atinge o cerne da questão que envolve uma verdadeira disputa de paradigmas. Trata-se da questão do papel a ser desempenhado pela tradicional separação de poderes. Portanto, para o mestre de Coimbra "o direito constitucional é um direito não dispositivo, pelo que não há âmbito ou liberdade de conformação do legislador contra as normas constitucionais nem discricionariedade na não actuação da lei fundamental". Todavia, a Constituição não é nem uma reserva total, nem um bloco densamente vinculativo, a ponto de remeter o legislador para simples tarefas de execução, traduzidas na determinação de efeitos jurídicos ou escolha de opções, cujos pressupostos de fato encontram uma normação prévia exaustiva nas normas constitucionais. Em termos sintéticos: "a não disponibilidade constitucional é o próprio fundamento material da liberdade de conformação legislativa".[48]

Quando se fala em Constituição Dirigente não se está falando de normativismo constitucional, como bem alerta Lenio Streck,[49] mas, sim, em uma forma de "operar transformações emancipatórias", sendo que o que permanece na noção de dirigismo constitucional é a idéia de que "[...] é a vinculação do legislador aos ditames da materialidade da Constituição, pela exata razão de que, nesse contexto, o direito continua a ser um instrumento de implementação de políticas públicas".

É evidente que todas essas questões trarão conseqüências para o direito, mormente se tratarmos de um direito historicamente preparado para "cuidar" de uma sociedade em que sequer atingimos

---

[47] CANOTILHO, José Joaquim Gomes. *Constituição dirigente e vinculação do legislador*, op. cit., p. 55-56.
[48] Idem, ibidem, p. 63-64.
[49] STRECK, Lenio Luiz. *Jurisdição constitucional e hermenêutica*, op. cit., p. 136.

a etapa do *welfare state*. Para tanto, basta verificar o ainda vigente Código Penal e o tratamento dado pelo legislador aos diversos bens jurídicos ainda nesse momento histórico.

2.5. Bem jurídico (penal) em um contexto de Estado constitucional

Após 20 anos da promulgação da Constituição, podemos dizer que pouco foi feito para superar a crise que atravessa o Direito Penal, o Processo Penal e, conseqüentemente, a teoria do bem jurídico. Isso quer dizer que continuamos atrelados a um paradigma de bem jurídico penal de cariz liberal-individualista, historicamente preparado para a resolução de conflitos individuais. Acontece que em pleno século XXI, continuamos despreparados para o enfrentamento de conflitos penais de caráter supra-individual (ou coletivos), que são os predominantes nesta quadra da história.[50]

Nunca é demais lembrar que a função do Direito Penal é a de proteger bens jurídicos – que nada mais são do que valores e interesses de relevância constitucional ligados explícita ou implicitamente aos direitos e deveres fundamentais – e que a intervenção do poder punitivo se realizará para evitar comportamentos que neguem ou que violem tais valores.

Por isso é importante a afirmativa de Carbonell Mateu,

> porque un sistema constitucional [...] establece un sistema de valores [bens jurídicos] y porque el poder punitivo nace precisamente del pacto constituyente no es aventurado afirmar que los derechos fundamentales sólo pueden verse limitados para salvaguardar otros que, al menos, tengan relevancia constitucional. Por relevancia constitucional no ha de entenderse que el bien haya de estar concreta y explícitamente proclamado por la Norma Fundamental [...][51]

E como resolver o problema da atual concepção de bem jurídico em pleno Estado Democrático de Direito? Talvez a solução

---

[50] STRECK, Lenio Luiz; FELDENS, Luciano. *Crime e Constituição*: a legitimidade da função investigatória do Ministério Público. 3. ed. rev. e atual. Rio de Janeiro: Forense, 2006, p. 19.

[51] MATEU, Juan Carlos Carbonell. *Derecho penal*: concepto y principios constitucionales. 3. ed. Valencia: Tirant lo Blanch, 1999, p. 36-37.

seja um redesenhamento da estrutura dos bens jurídicos e o reconhecimento da necessária dependência da materialidade constitucional.

Podemos verificar uma grande controvérsia acerca da extensão e da função do bem jurídico a partir das divergências surgidas nas duas escolas penais: a liberal, defendendo a função limitadora do conceito, e a de orientação comunitarista garantista, que se posiciona de forma a defender uma função organizativa, interventiva e atenta as demandas sociais. Ocorre que essa controvérsia ainda não foi bem absorvida pelo conceito dogmático de bem jurídico, de forma que "[...] este conflito acarreta uma confusão quanto aos bens que devem prevalecer numa escala hierárquica axiológica, para fins de serem relevantes penalmente e, portanto, merecedores de tutela dessa natureza".[52]

Em decorrência dessa problemática, podemos observar, freqüentemente, bens jurídicos que traduzem interesses da coletividade (portanto, bens supra-individuais) sendo comparados, ou até mesmo rebaixados axiologicamente, a bens de índole individual – trazendo como exemplo a Lei 10.684/03 que trata dos crimes de sonegação fiscal.[53]

A Constituição, ao assumir uma função compromissória e dirigente, preocupada em construir uma sociedade solidária, erradicando a pobreza e reduzindo as desigualdades sociais, não pode situar os bens jurídicos eleitos como merecedores de tutela penal em um âmbito individualista, mormente porque isso seria incompatível com os preceitos do texto constitucional. A partir dessa idéia, os bens jurídicos não podem ser vistos apartados do todo constitucional, compreendidos pelos preceitos e princípios formadores do Estado Democrático de Direito. Afinal de contas, já está mais do que na hora de entendermos que é a Constituição a responsável por eleger aqueles bens jurídicos dignos de tutela penal, bem como nortear a dogmática penal para uma compreensão supra-individual do direito.

---

[52] COPETTI, André; STRECK, Lenio Luiz. O direito penal e os influxos legislativos pós-Constituição de 1988: um modelo normativo e eclético consolidado ou em fase de transição? In: *Anuário do Programa de Pós-Graduação em Direito da UNISINOS*. São Leopoldo: UNISINOS, 2003, p. 255.

[53] STRECK, Lenio Luiz; FELDENS, Luciano. *Crime e Constituição*, op. cit., p. 23.

Diante dessa constatação, seria óbvio dizer que os bens jurídicos penais deveriam ser aqueles que buscassem a satisfação dos objetivos constitucionais, logo, aqueles que protegessem toda uma coletividade. No entanto, não é assim que pensam os adeptos do pensamento liberal-indiadualista, para os quais um pensamento comunitarista implicaria, inexoravelmente, uma antecipação das barreiras do Direito Penal.

Essa forma de restringir o verdadeiro objetivo constitucional implica aceitar somente o garantismo penal em sua forma negativa, ou seja, o de defender o indivíduo contra as arbitrariedades de um Estado "mau" e opressor. Por outro lado, aceitar essa condição de compromisso constitucional acaba por reconhecer o outro viés garantista, que é o de efetivar as garantias (fundamentais) constitucionais para toda uma sociedade.

O Direito Penal e, por conseqüência, a teoria do bem jurídico, ficam inexoravelmente subordinados à materialidade da Constituição, a partir do momento em que ela é responsável por ditar todas as regras de um Estado Democrático de Direito. Desse modo, qualquer lei que venha a criminalizar ou descriminalizar determinada conduta deve passar pelo filtro constitucional. Nada reveste a lei penal de qualquer blindagem contra uma adequada interpretação constitucional.

Dito de outro modo, e explicando melhor, "[...] não há liberdade absoluta de conformação legislativa nem mesmo em matéria penal, ainda que a lei venha a descriminalizar condutas consideradas ofensivas a bens fundamentais. Não há, pois, qualquer blindagem que 'proteja' a norma penal do controle de constitucionalidade". Por isso, o legislador não tem liberdade absoluta de definir, como bem queira, as condutas que criminalizará, ele está obrigatoriamente vinculado à materialidade da Constituição. Ou isso, ou teríamos que considerar constitucional um dispositivo de lei que venha a descriminalizar o estupro (por exemplo), tudo em nome do princípio da legalidade, em uma nítida confusão entre vigência e validade[54] de um texto (como se um texto vigente fosse necessariamente válido).[55]

---

[54] Mais uma vez aqui o problema da diferença ontológica, que a hermenêutica filosófica já apontou por diversas vezes.

[55] Idem, ibidem, p. 35.

Isso significa poder afirmar, apoiado em Claus Roxin,[56] que as fronteiras de intervenção jurídico-penal devem resultar de uma função social do Direito Penal, rechaçando tudo aquilo que estiver fora desses limites. Nesse sentido, o autor assevera que a função do Direito Penal consiste em garantir uma existência pacífica, livre e socialmente segura a todos os cidadãos, sempre que essas metas não consigam ser alcançadas com políticas sociais alternativas. Destarte, "todos estes objetos legítimos de proteção das normas que subjazem a estas condições" são denominados bens jurídicos.

A teoria do bem jurídico, responsável por apontar os tipos penais em nosso direito e legitimar a intervenção do Estado, passa, neste novo contexto histórico, a depender diretamente da materialidade da Constituição, pois os bens jurídicos são representados pelos preceitos e princípios que estão vinculados ao modelo de Estado Democrático de Direito.[57]

Para Luciano Feldens, a relação entre bens jurídicos penais e constitucionais não deve necessariamente ser de coincidência, mas, sim, de coerência. Ocorre que a Constituição apontará para a formação de um conceito de bem jurídico pré-determinado ao que consta na legislação penal, embora obrigatoriamente presente nesta. Será, portanto, a ordem constitucional a delimitadora do conceito de bem jurídico, estando o legislador obrigatoriamente vinculado a este mandamento constitucional.[58]

Já Luigi Ferrajoli aponta um problema de inadequação na definição da noção de bem jurídico: ou elas são por demais exaustivas (amplas) ou, pelo contrário, exclusivas (estreitas). Explicando melhor: ou a idéia de bem jurídico carrega exageradamente questões éticas e morais, ou, como faziam os iluministas, somente identifi-

---

[56] ROXIN, Claus. *A proteção de bens jurídicos como função do Direito Penal*. Tradução de André Luis Callegari e Nereu José Giacomolli. Porto Alegre: Livraria do Advogado, 2006, p. 7-8.

[57] STRECK, Lenio Luiz. O sentido hermenêutico-constitucional da ação penal nos crimes sexuais: os influxos da Lei dos crimes hediondos e da Lei Maria da Penha. In: KLEVENI IUSEN, Renata Braga (Coord.). *Direitos fundamentais e novos direitos*. Rio de Janeiro: Lumen Juris, 2006, p. 5.

[58] FELDENS, Luciano. A conformação constitucional do direito penal: realidade e perspectivas. In: SOUZA NETO, Cláudio Pereira de; SARMENTO, Daniel (Orgs.) *A constitucionalização do direito*: fundamentos teóricos e aplicações específicas. Lumen Juris: Rio de Janeiro, 2007, p. 847.

ca os bens jurídicos como "direitos" ou "interesses individuais", tornando-se insuficientes para justificar a proibição de condutas que atingem bens públicos e coletivos – direitos fundamentais de terceira dimensão – (como é o caso da sonegação de tributos e da corrupção).[59]

Trava-se, assim, no campo do Direito Penal, uma disputa entre a concepção de bem jurídico "interindividual" e "supra-individual". E essa controvérsia atravessa a segunda metade do século XX e ingressa no novo século.

Observa-se que o arraigamento ao paradigma do pensamento liberal-individualista é tamanho que alguns autores – e cite-se por todos, Detlev Sternberg-Lieben[60] – defendem um conceito pessoal de bem jurídico em que o ordenamento jurídico se configuraria em torno da pessoa/indivíduo; em síntese, é o que se poderia chamar de bens "de carne e osso". Nessa linha de raciocínio, com relação aos bens jurídicos supra-individuais, estes só receberiam guarida penal quando fossem atingidos indiretamente bens de índole individual. No entanto, acredita que essa idéia "[...] de ningún modo se restringe a los bienes jurídicos individuales (clásicos), sino que puede incluir bienes supraindividuales, ya que en la realidad social las interacciones tienen lugar entre una pluralidad de individuos, y en las relaciones mutuas de éstos en los ámbitos – sociedad y Estado – se construyen nuevos elementos de su existencia en libertad".

Entretanto, o autor acredita que a denominação "bem jurídico" consiste nas condições necessárias para uma vida em sociedade, possibilitando que os cidadãos ocupem uma posição dentro da Constituição de modo a desfrutarem da liberdade protegida pelos direitos fundamentais. Portanto, o Direito Penal, como instrumento de serviço à proteção de bens jurídicos, adquire uma dignidade constitucional.[61]

---

[59] FERRAJOLI, Luigi. *Direito e razão*: teoria do garantismo penal. São Paulo: Revista dos Tribunais, 2002, p. 377.

[60] STERNBERG-LIEBEN, Detlev. Bien jurídico, proporcionalidad y libertad del legislador penal. In: HEFENDEHL, Roland (ed.). *La teoría del bien jurídico:* fundamento de legitimación del Derecho penal o juego de abalorios dogmático? Madrid: Marcial Pons, 2007, p. 111.

[61] Idem, ibidem, p. 107.

Na verdade, a partir do momento em que Detlev elege os bens jurídicos como sendo uma categoria de fatores indispensáveis para a vida em sociedade, não pode, ao mesmo tempo, colocar em segundo plano os bens coletivos/supra-individuais, protegidos da mesma forma pelos direitos fundamentais.

Daí a pergunta: por que sustentar um conceito que somente considerará os bens jurídicos supra-individuais/coletivos de uma forma derivada? Isso, ao que parece, é não querer assumir o paradigma do Estado Democrático de Direito em sua plenitude! Por isso, nesta quadra da história, encontramos muitos juristas ainda relutantes em superar o modelo liberal.

De todo modo, a questão é complexa. Até autores mais identificados com o iluminismo, como Luigi Ferrajoli, mostram certo "hibridismo" em sua posição sobre a abrangência do bem jurídico. Na verdade, diz ele, não se pode alcançar uma definição exaustiva ou exclusiva de bem jurídico. Todavia, tudo o que se exige da categoria "bem jurídico" é que "[...] a lesão de um bem deve ser condição necessária, embora não suficiente, para justificar sua proibição e punição como delito".[62] Assim, para uma política penal orientada para a máxima proteção de bens jurídicos deve haver o mínimo necessário de proibições e castigos. Desse modo, é preciso

> [...] justificar as proibições somente quando se dirigirem a impedir ataques concretos a bens fundamentais de tipo individual ou social e, em todo o caso, externos ao mesmo direito, entendendo por ataque não somente o *dano causado*, senão, também – por ser inerente à finalidade preventiva do direito penal –, o *perigo causado*. Entre os bens externos ao direito penal, cuja lesão é necessária, ainda que não suficiente, para a justificação das proibições penais, então, por razões óbvias, todos os "direitos fundamentais", quer dizer, não só os clássicos direitos individuais e liberais, *senão também os coletivos e/ou sociais, como o direito ao meio ambiente ou à saúde* [...] em qualquer caso, deve tratar-se de um dano ou de um perigo verificável ou avaliável empiricamente, partindo das características de cada concreta conduta proibida, e não só considerando em abstrato somente o conteúdo da proibição.[63]

A tipificação penal de uma conduta sempre implicará, inevitavelmente, uma intervenção nos direitos fundamentais. Portanto, cabe ao Parlamento estabelecer se as intervenções penais têm um caráter de intervenção válida, ou pelo contrário, acabam por ser

---
[62] FERRAJOLI, Luigi. *Direito e razão*, op. cit., p. 377.
[63] Idem, ibidem, p. 378.

mais prejudiciais ao interferir nesses direitos. Por isso, uma intervenção pode ser constitucional ou inconstitucional.[64]

Uma conseqüência lógica disso tudo é que o foco do Direito Penal – e da teoria do bem jurídico – nesse novo paradigma, deve ser direcionado a combater os crimes que impedem a concretização dos direitos e garantias fundamentais. Toda lei penal deve, portanto, representar a medida que o Estado adota para poder proteger os direitos fundamentais e os demais bens jurídicos que a Constituição ordena que sejam resguardados. Em contrapartida, o legislador penal pode vulnerar os direitos fundamentais quando a severidade de suas previsões não chega a oferecer uma proteção suficientemente satisfatória e efetiva.[65]

No dizer de Lenio Streck, a renovada supremacia da Constituição vai além do controle de constitucionalidade e da tutela mais eficaz da espera individual de liberdade. Com as Constituições democráticas do século XX assume um lugar de destaque outro aspecto, qual seja, o da Constituição como norma direta fundamental, que dirige aos poderes públicos e condiciona os particulares de tal maneira que assegura a realização dos valores constitucionais (direitos sociais, direito à educação, à subsistência ou ao trabalho). A nova concepção de constitucionalismo une precisamente idéias de Constituição como norma fundamental de garantia, com a noção de Constituição enquanto norma diretiva fundamental.[66]

Nessa linha, é importante observar que a teoria do bem jurídico tem sofrido diversas modificações, especialmente no século XX. Com o advento do Estado Democrático de Direito surge uma nova função para o direito, a de proteger bens jurídicos que transcendem a concepção liberal individualista. As diversas garantias conquistadas nesse atual modelo de Estado parecem não deixar dúvidas com relação aos bens a serem protegidos (relembremos aqui o divisor de águas de que fala Gomes Canotilho, sobre o conteúdo e o sentido das Constituições). Nesse paradigma, além dos

---

[64] PULIDO, Carlos Bernal. O princípio da proporcionalidade na legislação penal. In: SOUZA NETO, Cláudio Pereira de; SARMENTO, Daniel (Orgs.) *A constitucionalização do direito*: fundamentos teóricos e aplicações específicas. Rio de Janeiro: Lumen Juris, 2007, p. 806

[65] Idem, ibidem, p. 815.

[66] STRECK, Lenio Luiz. *Jurisdição constitucional e hermenêutica*, op. cit., p. 101.

bens jurídicos individuais, carecem de proteção efetiva os bens supra-individuais, ou também chamados de transindividuais.

Veja-se como essa questão tem reflexos na discussão da crise de paradigmas que atravessa o direito brasileiro. Com efeito, no Estado Democrático de Direito pode se constatar uma transferência dos centros das decisões do Legislativo e do Executivo (predominante no Estado Liberal e Social, respectivamente) para o Judiciário. É por isso que, como diz Lenio Streck,[67] "inércias do Executivo e falta de atuação do Legislativo passaram a poder ser supridas pelo Judiciário, justamente mediante a utilização dos mecanismos jurídicos previstos na Constituição que estabeleceu o Estado Democrático de Direito".

Não podem restar dúvidas de que o processo constituinte de 1986-1988 fez uma clara opção pelo intervencionismo estatal, fórmula encontrada para colocar o Estado em uma nova posição no contexto da sociedade. Na medida em que a sociedade injusta clamava por transformações, o papel do Estado teria que ser alterado, buscando por intermédio de uma ação mais efetiva alcançar uma sociedade mais justa e solidária, com a erradicação da pobreza, de tal modo que era de se esperar que o Poder Executivo e Legislativo cumprissem tais preceitos constitucionais. Essa questão não decorre de uma interpretação acerca do que está implícito na Constituição. Na verdade, é o próprio texto da Constituição que assumiu esse caráter dirigente e compromissório.

O que ocorre é que a Constituição não está sendo cumprida, pois as normas-programa não estão sendo implementadas. Desse modo, a falta de cumprimento das diretivas constitucionais pode ocasionar o enfraquecimento da Constituição, sempre correndo-se o risco de cairmos naquilo que Marcelo Neves[68] denomina de Constituição simbólica, isto é, a Constituição funcionaria como mero símbolo, "enganando" os destinatários do contrato social.

É nesse contexto que ocorre um sensível deslocamento da esfera de tensão em direção ao Poder Judiciário, colocando neste o papel de resgatar os direitos não realizados. Afinal, os direitos

---

[67] STRECK, Lenio Luiz. *Hermenêutica jurídica (em)crise*: uma exploração hermenêutica da construção do direito. 5. ed. rev. atual. Porto Alegre: Livraria do Advogado, 2004, p. 55.

[68] NEVES, Marcelo. *A Constituição simbólica*. São Paulo: Acadêmica, 1995.

constitucionais servem para quê? Assim, uma forma de superar o problema da inércia do Executivo e do Legislativo é através do Judiciário, mediante a utilização dos mecanismos estabelecidos na Constituição.

Isso tudo deixa clara a inversão da velha concepção do papel do Estado e do direito. Assim, sem abandonar a idéia de direitos individuais como forma de defesa do indivíduo contra o Estado, o direito numa concepção democrática abraça a possibilidade de atuação positiva por parte do Estado, ou dito de outra forma, passa a ver o Estado como "amigo" dos direitos fundamentais.

Vieira de Andrade[69] observa a importância do fator democrático para direitos fundamentais, no sentido em que este "[...] modifica o próprio sentido dos direitos fundamentais – ao lado de uma dimensão subjetiva, tende agora a reconhecer-se-lhes uma dimensão objetiva". Isso quer dizer que, diferente do Estado Liberal em que se pressupõe uma liberdade individual fora dos alcance de atuação do Estado, no Estado Democrático de Direito, necessariamente existe uma participação ativa do cidadão na forma da vontade geral. O Estado está umbilicalmente obrigado a criar situações que possibilitem a realização dos direitos fundamentais.

2.6. A relação umbilical entre a nova concepção de bem jurídico e a noção de Constituição compromissória e dirigente

Em face do exposto parece não haver dúvida de que uma nova visão de bem jurídico está entrelaçada com a tese do "dirigismo constitucional". Não há outro lugar para se buscar a fundamentação do bem jurídico do que a Constituição. Aliás, razão assiste a Luigi Ferrajoli, quando diz que "garantismo é fazer democracia a partir do direito". Esse é o legado do paradigma do Estado Democrático de Direito. Por isso ele é um *plus* normativo em relação às etapas anteriores do Estado. Não há, pois, qualquer problema em se defender, ainda hoje, as "teorias acionalistas da política e a

---

[69] ANDRADE, José Carlos Vieira de. *Os direitos fundamentais na Constituição portuguesa de 1976.* Coimbra: Livraria Almedina, 1987, p. 47.

possibilidade de direção do Estado", como lembra Lenio Streck,[70] mormente porque "[...] a dimensão política da 'Constituição Dirigente' tem uma força sugestiva relevante quando associada à idéia de estabilidade que, em princípio, se supõe estar imanente".

Isso implica uma opção paradigmática. Se parece evidente que a teoria do bem jurídico deve estar vinculada a Constituição (mormente a do Brasil, que é nitidamente dirigente), essa "evidência" desaparece quando se examina o Código Penal, as leis esparsas, enfim, o tratamento dado aos diversos bens jurídico-penais pelo legislador, depois de já passados 20 anos da promulgação da nossa Lei Maior. Ora, os direitos fundamentais (incluídos, pois, aquilo que se denomina de "direitos humanos"[71]) vêm passando por inúmeras transformações desde o século XIX. Percebe-se claramente a transposição dos direitos de primeira dimensão,[72] consistentes nos

---

[70] STRECK, Lenio Luiz. *Jurisdição constitucional e hermenêutica*, op. cit., p. 131.

[71] Ver nesse sentido, Ingo Sarlet "[...] não há dúvida de que os direitos fundamentais, de certa forma, são também direito humanos, no sentido de que seu titular sempre será o ser humano, ainda que por vezes representado por entes coletivos (grupos, povos, nações, Estado). Fosse por esse motivo apenas impor-se-ia a utilização uniforme do termo 'direitos humanos' ou expressão similar, de tal sorte que não é nesta circunstância que encontramos argumentos idôneos a justificar a distinção [...] Neste contexto, importa lembrar que habitualmente – e existe expressiva doutrina nacional e estrangeira a suportar tal entendimento – um dos critérios apontados para uma possível distinção é de que o termo 'direitos fundamentais' se aplica para aqueles direitos do ser humano reconhecidos e positivados na esfera do direito constitucional positivo de determinado Estado, ao passo que a expressão 'direitos humanos' guardaria relação com os documentos de direito internacional, por referir-se àquelas posições jurídicas que se reconhecem ao ser humano como tal, independente de sua vinculação com determinada ordem constitucional, e que, portanto, aspiram a validade universal, para todos os povos e tempos, de tal sorte que revelam um inequívoco caráter supranacional (internacional) [...]". (SARLET, Ingo Wolfgang. Os direitos fundamentais, a reforma do Judiciário e os Tratados Internacionais de Direitos Humanos: notas em torno dos §§ 2º e 3º do art. 5º da Constituição de 1988. In: *Revista da AJURIS*. ano XXXIII, n. 102, Porto Alegre, jun. 2006, p. 179-180.)

[72] Nesse sentido, Ingo Sarlet vai dizer que "desde o seu reconhecimento nas primeiras Constituições, os direitos fundamentais passaram por diversas transformações, tanto no que diz com o seu conteúdo, quanto no que concerne à sua titularidade, eficácia e efetivação. Costuma-se, neste contexto marcado pela autêntica mutação histórica experimentada pelos direitos fundamentais, falar da existência de três gerações de direitos, havendo, inclusive, quem defenda a existência de uma quarta geração. Num primeiro momento, é de se ressaltarem as fundadas críticas que vêm sendo dirigidas contra o próprio termo 'gerações' por parte da doutrina alienígena

direitos de liberdade, limitados às liberdades negativas com a oposição estatal, para os de segunda dimensão, que englobava direitos econômicos, sociais e culturais, vinculados a um agir positivo do Estado. Finalmente surgem os direitos de terceira dimensão que incorporam "[...] um conteúdo de universalidade não como projeção, mas como compactuação, comunhão, como direitos de solidariedade, vinculados ao desenvolvimento, à paz internacional, ao meio ambiente saudável, à comunicação".[73] Quando falamos de direitos de terceira dimensão estamos tratando de direitos que detêm uma universalidade comunitária, no sentido de atingirem a humanidade em sua totalidade.

Claramente identificada, assim, a dupla face da proteção dos direitos fundamentais, o que abre caminho para a defesa de uma dupla face na proteção dos bens jurídico-penais. Como assinala Gomes Canotilho,[74]

> através do apelo à *pluridimensionalidade dos direitos fundamentais*, expressa no reconhecimento de uma *dimensão subjetiva* do direito a prestações e na idéia de uma *dimensão programático-normativa* (imposições legiferantes, directivas constitucionais e de determinação dos fins e tarefas do Estado), verifica-se que os magros resultados a que se chega no plano de uma estrita argumentação do Estado de Direito não significam a minimização dos significado dos direitos a prestações no plano democrático-constitucional. Significa também que, mais uma vez,

---

e nacional. Com efeito, não há como negar que o reconhecimento progressivo de novos direitos fundamentais tem o caráter de um processo cumulativo, de complementaridade, e não de alternância, de tal sorte que o uso da expressão 'gerações' pode ensejar a falsa impressão da substituição gradativa de uma geração por outra, razão pela qual há quem prefira o termo 'dimensões' dos direitos fundamentais, posição esta que aqui optamos por perfilhar, na esteira da mais moderna doutrina. Neste contexto, aludiu-se, entre nós, de forma notadamente irônica, ao que se chama de 'fantasia das chamadas gerações de direitos', que, além da imprecisão terminológica já consignada, conduz ao entendimento equivocado de que os direitos fundamentais se substituem ao longo do tempo, não se encontrando em permanente processo de expansão, cumulação e fortalecimento. Ressalta-se, todavia, que a discordância reside essencialmente na esfera terminológica, havendo, em princípio, consenso no que diz com o conteúdo das respectivas dimensões e 'gerações' de direitos, já até se cogitando de uma quarta dimensão". (SARLET, Ingo Wolfgang. *A eficácia dos direitos fundamentais*. 3. ed. rev. atual. ampl. Porto Alegre: Livraria do Advogado, 2003, p. 49-50).

[73] MORAIS, José Bolzan; STRECK, Lenio Luiz. *Ciência política e teoria geral do Estado*, op. cit., p. 129.

[74] CANOTILHO, José Joaquim Gomes. *Constituição dirigente e vinculação do legislador*, op. cit., p. 377.

a realização da constituição dirigente não pode aquilatar-se através da dissolução do potencial da acção político-democrática numa curta mentalidade de pretensões subjetivas, individualmente accionáveis. A perda de justiciabilidade e a colocação dos direitos a prestações dentro da reserva do possível e da reserva da lei devem ser compensadas por uma *intensificação de participação democrática na política dos direitos fundamentais*.

Desse modo, além dos valores clássicos de bens jurídicos individuais protegidos desde há muito pelas primeiras Constituições, sabemos que vêm surgindo novos valores vindos de situações que reclamam maior proteção, quer seja em virtude do aparecimento de novas ameaças, quer seja pela tomada de consciência da necessidade de preservar a dignidade da pessoa humana de uma forma mais abrangente. O que isso quer dizer é que se passa a pensar em condutas que põem em jogo a dignidade da pessoa humana e sua integridade física, por exemplo, o avanço de novas técnicas biomédicas, de novas tecnologias de comunicação e formas de exploração das riquezas naturais. Todas essas formas afetam a comunidade como um todo.[75]

Por tudo, a Constituição que surge nesse novo paradigma é constituidora, dirigente e programática, pois o Estado Democrático de Direito assumiu um novo papel, não apenas o de proteger o indivíduo, como queria o Estado Liberal, mas, sim, o de implementar novos direitos, os fundamentais-sociais, até então ausentes no modelo liberal-individualista.[76]

Essa questão fica clara, por exemplo, na discussão no Brasil entre os defensores de um garantismo apenas negativo e aqueles que defendem a existência (e a necessidade) de um garantismo positivo. A defesa do garantismo negativo sustenta-se na função clássica do Direito Penal, postura que André Copetti e Lenio Streck denominam de "liberal-iluminista".[77] Já as posturas que defendem uma dupla face do garantismo sustentam-se no papel dirigente do constitucionalismo, colocando na Constituição o *locus* da construção da teoria do bem jurídico. Um dos aspectos que deixa bem clara

---

[75] CUNHA, Maria da Conceição Ferreira. *Constituição e Crime*: uma perspectiva da criminalização e da descriminalização. Porto: Universidade Católica Portuguesa, 1995, p. 322-323.

[76] STRECK, Lenio Luiz. *Jurisdição constitucional e hermenêutica*, op. cit., p. 127.

[77] COPETTI, André L.; STRECK, Lenio Luiz. *O direito penal e os influxos legislativos pós-Constituição de 1988*, op. cit., p. 255-295.

essa dicotomia é a concepção que cada uma das posturas tem sobre o princípio da proporcionalidade. Enquanto os garantistas ainda ligados ao liberal-iluminismo penalístico seguram-se no princípio da proibição de excesso (*Übermassverbot*), os "garantistas positivos" sustentam que existe uma espécie de lado "B" da proporcionalidade, que é o princípio da proibição de proteção deficiente (ou insuficiente, como também é chamada) – (*Untermassverbot*).

Essa nova face do Estado e do direito decorre também – e fundamentalmente – do fato de que a Constituição, na era do Estado Democrático de Direito (e Social) apresenta uma dupla face (ou dupla dimensão), do mesmo modo que o princípio da proporcionalidade (*Übermassverbot* e *Untermassverbot*). Ela contém, ensina Maria Ferreira da Cunha, os princípios fundamentais de defesa do indivíduo face ao poder estadual – os limites ao exercício do poder em ordem a eliminar o arbítrio e a defender a segurança e a justiça nas relações cidadão-Estado (herança, desenvolvida e aprofundada, da época liberal – da própria origem do constitucionalismo), em especial em relação ao poder penal. Entretanto, preocupada com a defesa ativa do indivíduo e da sociedade em geral e tendo em conta que os direitos individuais e os bens sociais, para serem efetivamente tutelados, podem não bastar com a mera omissão estadual, "não devendo ser apenas protegidos face a ataques estaduais, mas também em face a ataques de terceiros, ela pressupõe (e impõe) uma atuação estadual no sentido protetor dos valores fundamentais (os valores que ela própria, por essência, consagra)".[78]

É por isso que, assumindo esse novo paradigma social,

> si la definición penal y la concepción del bien jurídico se quieren encajar en la discusión constitucional sobre el Derecho Penal y sus límites, dos conceptos del Derecho constitucional y de la ciencia del Derecho constitucional tienen que ocupar un lugar destacado: la prohibición de exceso [*Übermassverbot*] y la prohibición de defecto [*Untermassverbot*]. Ambos están en condiciones de reconstruir desde el punto de vista del Derecho constitucional las tradiciones del Derecho Penal en cuyo centro se encuentra el bien jurídico, ya que representan a los dos polos que determinan el derecho de intervención estatal conforme a la Constitución.[79]

---

[78] CUNHA, Maria da Conceição Ferreira da. *Constituição e Crime*, op. cit., p. 273.

[79] HASSEMER, Winfried. ¿Puede Haber delitos que no afecten a un bien jurídico penal? In: HEFENDEHL, Roland (ed.). *La teoría del bien jurídico. ¿Fundamento de legitimación del Derecho penal o juego de abalorios dogmático?* Madrid: Marcial Pons, 2007, p. 98.

Fazer um traçado da evolução do Estado é fazer um panorama histórico do desenvolvimento dos direitos fundamentais, pois esse percurso desemboca inevitavelmente no Estado Democrático e Social de Direito, cuja essência está no reconhecimento da proteção da dignidade da pessoa humana e dos direitos fundamentais.

2.7. A proteção dos Direitos Fundamentais e o espaço do Direito Penal no Estado Democrático de Direito

Não resta a menor dúvida que o advento do Estado Democrático de Direito foi responsável por profundas e definitivas alterações no mundo jurídico contemporâneo. A partir do novo paradigma estabelecido pela Constituição do Brasil de 1988, não se pode mais analisar o Direito Penal e Processual Penal sob o prisma de um modelo que serviu de base para as teorias liberal-individualistas do século XIX. A Constituição proporcionou a inserção de um arcabouço principiológico, responsável por conferir, ao indivíduo e à sociedade, uma "blindagem" contra as arbitrariedades estatais, bem como garantias de efetivação dos direitos fundamentais.

Ocorre que, ao mesmo tempo em que vivemos em uma época em que nunca se falou tanto em Constituição, (neo)constitucionalismo e Jurisdição Constitucional, continuamos, paradoxalmente, convivendo com o paradigma ultrapassado de um positivismo jurídico, que resiste, sem maiores problemas, no imaginário dos juristas.[80]

Essa questão é de suma importância, pois é preciso ter a noção de que o processo interpretativo dependerá diretamente do sentido

---

[80] Essa crise de paradigmas se deve à baixa compreensão acerca do sentido de Constituição que acaba por restringir o horizonte de sentido da dogmática jurídica, atrelada, ainda, ao pensamento metafísico, que restringe a possibilidade emancipatória do direito. Para compreender precisamos de uma pré-compreensão que, por sua vez, é pré-figurada por uma tradição em que está inserido o intérprete. Dito de outro modo, o acontecer do sentido (*Ereignen*) só se dará se o jurista tiver uma pré-compreensão autêntica a respeito do sentido de Constituição que, por conseguinte, só acontecerá se a sua condição de ser no mundo for favorável. (STRECK, Lenio Luiz. *A dupla face do princípio da proporcionalidade*: da proibição de excesso (*Übermassverbot*) à proibição de proteção deficiente (*Untermassverbot*) ou de como não há blindagem contra normas penais inconstitucionais. In: *Revista da AJURIS*, Porto Alegre, n. 97, mar, 2005).

que o aplicador tem da Constituição, do Direito Penal e do Processual Penal, de modo que uma compreensão inautêntica (no sentido gadameriano da expressão) acerca desses elementos acarretará uma desfuncionalidade nesses ramos, uma vez que deixará sem proteção direitos agora resguardados pelo Estado Democrático.

Desse modo, como forma de efetivar direitos fundamentais pertencentes a esse novo paradigma, é indispensável fazer uma (re)leitura hermenêutico-constitucional dos elementos pertencentes ao sistema penal.

Luigi Ferrajoli[81] propôs em seu livro "Derechos y Garantías" uma definição teórica, ou puramente formal, da idéia de direitos fundamentais:

> Son derechos fundamentales todos aquellos derechos subjetivos que corresponden universalmente a todos los seres humanos en cuanto dotados del *status* de personas con capacidad de obrar; entendiendo por derecho subjetivo cualquier expectativa positiva (de prestaciones) o negativa (de no sufrir lesiones) adscrita a un sujeto por una norma jurídica; y por status la condición de un sujeto, prevista asimismo por una norma jurídica positiva. como presupuesto de su idoneidad para ser titular de situaciones jurídicas y/o autor de los actos que son ejercicio de éstas.

Rodolfo Arango também define os direitos fundamentais como direitos subjetivos – que necessariamente encontram uma relação com uma norma jurídica, uma obrigação jurídica e uma posição jurídica – com alto grau de importância. A opinião majoritária da doutrina jurídica os difere entre direitos de defesa e direitos de prestação, segundo a função que os direitos fundamentais desempenham na relação Estado-indivíduo. No caso dos direitos de defesa, se estabelece uma relação de ação negativa (omissão estatal), que limita seu campo de atuação e assegura a liberdade individual. Por outro lado, como direitos de prestação são direitos de ação positiva (uma imposição de fazer estatal), a qual assegura a participação do indivíduo em prestações normativas (organização e procedimento) ou fáticas (direitos ao mínimo vital).[82]

---

[81] FERRAJOLI, Luigi. *Derechos y garantias*: la ley del más débil. Madrid: Trotta, 1999, p. 37.

[82] ARANGO, Rodolfo. *El concepto de derechos sociales fundamentales*. Colômbia: Legis, 2005, p. 33-35.

Embora existam essas duas visões, uma parte da doutrina constitucional limita os direitos fundamentais a direitos de defesa, ou seja, ao critério negativo. Desse modo, põem-se limites ao Estado para assegurar os espaços de liberdade, o que remete, imediatamente, a uma concepção liberal de direitos fundamentais.

Pensar os direitos fundamentais, sob a égide do Estado Democrático de Direito, implica reconhecer a grande conquista oportunizada pelo processo Constituinte de 1987/88, no momento em que a nova ordem constitucional traz à lume questões de cunho democrático, impossibilitadas durante os mais de 20 anos de regime militar no Brasil. A importância dada aos direitos fundamentais reflete, justamente, o contexto em que se encontrava o Constituinte no final da década de 1980 – a busca pela superação de um regime que aniquilara com as liberdades fundamentais.

Tanto foi paradigmático, que os direitos e as garantias fundamentais receberam um lugar de destaque na Constituição de 1988, sendo positivados logo no início do texto constitucional e assegurados como normas pétreas (veja-se que nas Constituições de 1967/1969, os direitos fundamentais tinham seu catálogo a partir dos artigos 150 e 153, respectivamente). A denominação sofreu alteração, uma vez que nas Constituições anteriores eram chamados de "direitos e garantias individuais", uma clara referência à herança liberal, desde há muito já superada (ao menos formalmente). Ademais, os direitos sociais fundamentais receberam guarida em capítulo próprio, sendo desvencilhados dos capítulos referentes à ordem econômica e social. Daí que, para Ingo Sarlet, talvez a maior inovação trazida pela atual Constituição em nível de direitos fundamentais teria sido sua aplicabilidade imediata, excluindo-se, em princípio, o cunho programático dado aos demais preceitos.[83]

Podemos dizer, então, que a partir de 1988, os direitos fundamentais passaram a integralizar a essência do Estado constitucional, sendo, portanto, condição de possibilidade para a sua existência. Desse modo, concretizá-los passou a ser uma tarefa permanente e indispensável.

---
[83] SARLET, Ingo Wolfgang. *A eficácia dos direitos fundamentais*, op. cit., p. 73.

Desde as primeiras Constituições, os direitos fundamentais passaram por visíveis transformações, e é a partir disso que podemos falar nas três[84] dimensões de direitos fundamentais.

A primeira dimensão, herança do pensamento liberal do século XVIII, marcada pelo pensamento individualista, tinha frente ao Estado uma postura de defesa da autonomia individual em que este não podia nem deveria intervir. Aqui existe a idéia de garantias negativas, já que ao Estado cabia uma postura de não intervenção, ou seja, somente a de defesa dos interesses da classe que fez a ruptura com o estado absolutista: a burguesia.

Em seguida, após a superação do Estado Liberal pelo Social, aparecem pela primeira vez os direitos de segunda dimensão, marcados fortemente pelos problemas sociais e econômicos surgidos no decorrer do século XIX. O Estado, que antes estava em uma posição de abstenção, passa a ter uma conduta ativa frente às reivindicações, ou seja, passa a se comportar de uma forma positiva, como forma de proporcionar justiça social. É neste momento que os direitos se caracterizam por disponibilizarem prestações sociais aos indivíduos, tais como, assistência à saúde, trabalho e educação. Pode-se dizer que o direito, nessa fase, passa a ser promovedor.

Por último, os direitos de terceira dimensão, a herança da democracia, em que a preocupação supera a figura do indivíduo e passa a ser da coletividade, do grupo, da sociedade. Esses direitos fundamentais, também chamados direitos coletivos ou difusos, trazem preocupações como a paz social, o meio ambiente, as futuras gerações e a qualidade de vida, trazendo uma nítida idéia de fraternidade entre os povos. Esses direitos se dirigem a concretizar valores de igualdade e solidariedade, pretendendo assegurar a participação do indivíduo na vida política, econômica, cultural e social, assim como todo o grupo dos quais estes fazem parte. Através de um longo processo, o Direito Penal tem assumido a proteção de bens jurídicos coletivos como uma forma de solucionar os novos conflitos surgidos a partir do novo modelo – o Estado Democrático de Direito. Essas novas demandas dizem respeito, por exemplo, a criminalização de condutas contra a ordem econômica e tributária, demonstrando que as demandas de uma sociedade democrática

---

[84] Há aqueles que defendem a existência de uma quarta dimensão de direitos fundamentais, decorrente da globalização política.

não podem mais se satisfazer com bens jurídicos que apenas protegem o interesse de uma pequena parcela da população.

Observando a evolução dessas três dimensões de direitos fundamentais, podemos notar que, tal como os ideais da Revolução Francesa, esses trazem a idéia de liberdade, igualdade e fraternidade, nessa mesma ordem, como se no século XVIII fosse possível prever o que ocorreria com a evolução do Estado e de suas garantias fundamentais.[85]

Essa alteração no papel do direito – acompanhada da mudança do papel do Estado – nos fez alcançar o Estado Democrático de Direito e seu *plus* normativo em relação ao seu antecessor, o Estado Social. Por isso, a Constituição de 1988 não é apenas simbólica, mas responsável por resgatar (uma vez que é compromissória e dirigente) as promessas da modernidade, sobretudo em países onde o *Welfare State* foi um simulacro. Por essa razão, o direito – e o Estado – trocam de feição, passando a assumir, como já referido, um caráter de proteção efetiva dos direitos fundamentais, como forma de superar a idéia de Estado "mau" (característica de um modelo liberal), para se tornar um Estado "bom e amigo", possibilitado graças a esse *plus* normativo.

Assim também é na evolução da teoria do bem jurídico – elemento essencial na formação do Direito Penal – com as constantes adaptações aos câmbios paradigmáticos vivenciados na evolução do Estado e do direito. No entanto, em que pese tantas mudanças, o Direito Penal ainda carrega o legado liberal de ter a função de servir de tutela (subsidiária) de bens jurídicos em um modelo de Estado Democrático de Direito, cuja preocupação deve ser a de preservar direitos e liberdades fundamentais constitucionalmente assegurados.[86]

É importante destacar que os direitos fundamentais, nesta quadra da história, não podem mais ser encarados com os olhos de um modelo liberal individualista, época em que sua eficácia era restringida a um plano somente negativo, ou seja, abreviado a direitos de defesa ou de omissão do indivíduo frente ao Estado.

---

[85] Interpretação semelhante encontra-se em SARLET, Ingo Wolfgang. *A eficácia dos direitos fundamentais*, op. cit., p. 60.

[86] FELDENS, Luciano. *A Constituição penal*, op. cit., p. 44.

Agora, mais do que nunca, o legado do Estado Social deve-se fazer presente no sentido de possibilitar também uma visão referente a prestações positivas por parte desse Estado.[87]

E é neste duplo caráter dos direitos fundamentais que encontramos o cerne da questão. Em pleno Estado Democrático de Direito não podemos mais conceber posturas que defendam somente que o Estado deve se abster de condutas que violem os direitos fundamentais, porém, mais do que isso, ele deve proporcionar que os direitos fundamentais sejam plenamente satisfeitos e efetivados por meio de uma conduta prestativa.

Não é de agora que o Tribunal Constitucional Espanhol reconhece explicitamente esse duplo viés dos direitos fundamentais, é o que podemos depreender da seguinte decisão:

> Es también pertinente hacer, con carácter previo, algunas referencias al ámbito, significación y función de los derechos fundamentales en el constitucionalismo de nuestro tiempo inspirado en el Estado social de Derecho. En este sentido, la doctrina ha puesto de manifiesto -en coherencia con los contenidos y estructuras de los ordenamientos positivos- *que los derechos fundamentales no incluyen solamente derechos subjetivos de defensa de los individuos frente al Estado, y garantías institucionales, sino también deberes positivos por parte de éste* (vide al respecto arts. 9.2; 17.4; 18.1 y 4; 20.3; 27 de la Constitución). Pero, además, los derechos fundamentales son los componentes estructurales básicos, tanto del conjunto del orden jurídico objetivo como de cada una de las ramas que lo integran, en razón de que son la expresión jurídica de un sistema de valores que, por decisión del constituyente, ha de informar el conjunto de la organización jurídica y política; son, en fin, como dice el art. 10 de la Constitución, el «fundamento del orden jurídico y de la paz social». De la significación y finalidades de estos derechos dentro del orden constitucional se desprende que *la garantía de su vigencia no puede limitarse a la posibilidad del ejercicio de pretensiones por parte de los individuos, sino que ha de ser asumida también por el Estado*. Por consiguiente, de la obligación del sometimiento de todos los poderes a la Constitución no solamente se deduce la obligación negativa del Estado de no lesionar la esfera individual o institucional protegida por los derechos fundamentales, sino también la obligación positiva de contribuir a la efectividad de tales derechos, y de los valores que representan, aun cuando no exista una pretensión subjetiva por parte del ciudadano. *Ello obliga especialmente al legislador, quien recibe de los derechos fundamentales «los impulsos y líneas directivas», obligación que adquiere especial relevancia allí donde*

---
[87] Também nesse sentido Luciano Feldens, Paulo Ferreira da Cunha, Maria da Conceição Ferreira da Cunha, Bricolla, Mancini, Dolcini, somente para citar alguns.

un derecho o valor fundamental quedaría vacío de no establecerse los supuestos para su defensa.[88] (grifo nosso)

Como já dito, a idéia de Direito Penal e de direitos fundamentais não pode ser dissociada. A estreita ligação ocorre a partir do momento em que os direitos fundamentais passam a ser o limite para a escolha dos bens jurídicos penais protegidos pelo Estado Democrático de Direito, tornando-se paradigma para o mínimo abrigo constitucional. Ou seja, basta ver que o legislador penal encontra-se materialmente ligado à Constituição no que concerne essa matéria. Diante disso, temos que toda a lei penal representa sempre a medida que o Estado adota para a proteção dos direitos fundamentais, bem como aos demais bens jurídicos.[89] Dessa forma, podemos facilmente observar que na medida em que existe uma mudança no modelo de Estado, existe também uma alteração na forma de proteção dos direitos fundamentais.

---

[88] ESPANHA. Tribunal Constitucional Espanhol. *Sentencia 53/1985*. Julgado em 11 de abril de 1985. Disponível em <http://www.tribunalconstitucional.es/>. Acesso em 20 jul. 2008.

[89] PULIDO, Carlos Bernal. *O princípio da proporcionalidade na legislação penal*, op. cit., p. 815.

3. A proteção dos bens jurídicos-penais: a dupla face do princípio da proporcionalidade – o estado da arte do tema

Com a função transformadora assumida pelo Estado Democrático de Direito, houve uma alteração paradigmática no modo de pensar o direito. Sob a égide das constituições compromissórias e dirigentes, passou-se a colocar, no próprio texto constitucional, os conflitos e as demandas da sociedade. O fracasso do positivismo, que trabalhava o direito como um mundo de regras, faz com que esse novo constitucionalismo introduza, no campo do direito, a noção de princípios. No fundo, pode-se dizer que eles resgatam a razão prática, pois o mundo prático fora obscurecido pelo positivismo.[90]

Não é demais dizer que os princípios do direito passaram por grandes transformações[91] no que diz respeito à sua normativida-

---

[90] Nesse sentido ver BOLZAN DE MORAIS, José Luis; STRECK, Lenio Luiz. *Ciência Política e teoria do Estado*, op. cit., p. 106.

[91] Conforme, Lenio Streck, "parcela expressiva da comunidade jurídica brasileira não se deu conta de que a superação do modelo de regras implica uma profunda alteração no direito, porque através dos princípios, passa a canalizar para o âmbito das Constituições o elemento do mundo prático. E igualmente não percebeu que o ponto de ligação com a filosofia (processo de compreensão ainda sustentado no esquema sujeito-objeto, que mutila a interpretação do direito) se da exatamente no fato de que o direito, entendido como conjunto de regras, procura(va), a partir de uma metodologia fulcrada no método, abarcar a realidade onticamente, possibilitando-se que, de forma, causalística-objetivista, 'desse conta' de suas complexidades a partir da adjudicação de teorias acerca de como devem proceder os intérpretes quando em face dos assim denominados 'casos difíceis'. Ora, a inserção da faticidade se dá através dos princípios, que, para além do causalismo-explicativo de caráter ôntico, vai se situar no campo do acontecer de caráter ontológico (não clássico). Daí a ques-

de, na verdade esta somente foi reconhecida pela doutrina mais moderna. Antes, apenas tidos como fontes de mero teor supletivo para as Constituições, hoje se convertem em fundamento para todo o sistema jurídico, na qualidade de princípios constitucionais, alçados ao ponto mais alto da escala normativa. Por isso, vai se dizer que os princípios se tornaram *norma normarum*, ou seja, "norma das normas".[92]

É assim que Paulo Bonavides[93] dirá que "os princípios fundamentais da Constituição, dotados de normatividade, constituem, ao mesmo tempo, a chave de interpretação dos textos constitucionais. Mas essa importância decorre em grande parte de um máximo poder de legitimação, que lhes é inerente". Acrescenta, ainda, que "afirmar que os princípios garantem unicamente a parte 'organizativa' da Constituição, a estrutura e a competência dos órgãos constitucionais seria privá-lo de eficácia juridicamente vinculante para a proteção e a garantia dos indivíduos e dos grupos sociais [...]". Na verdade, *princípios valem; regras vigem*, complementa o mestre de Fortaleza.

Dentre a gama de princípios constitucionais, existem aqueles que aferem em grande medida a dignidade penal, de modo que o legislador penal tem de ter a consciência do agir conforme a Constituição. Diz Paulo Ferreira da Cunha que, se recordarmos a força, a solenidade e a rigidez constitucionais, passaremos a pensar que o Direito Penal acaba por ser tão fundamental que de alguma forma se eleva ao topo da pirâmide normativa, tornando-se o "braço armado da Constituição". Não armado no sentido de servir a ela,

---

tão de fundo para a compreensão do fenômeno: antes de estarem cindidos, há um acontecer que aproxima regra e princípio em duas dimensões, a partir de uma anterioridade, isto é, a condição de possibilidade da interpretação da regra é a existência do princípio instituidor. Ou seja, a regra está 'subsumida' no princípio. Nos 'casos simples' (utilizando, aqui, argumentativamente, a distinção que a teoria da argumentação faz), ela apenas encobre o princípio, porque consegue se dar no nível da pura objetivação. Havendo, entretanto, 'insuficiência' (sic) da objetivação (relação casual-explicativa) proporcionada pela interpretação da regra, surge a 'necessidade' do uso dos princípios". (STRECK, Lenio Luiz. *Verdade e consenso*: Constituição, hermenêutica e teorias discursivas. Rio de Janeiro: Lumen Juris, 2006, p. 167).

[92] BONAVIDES, Paulo. *Curso de direito Constitucional*. 6. ed. rev. atual. ampl. São Paulo: Malheiros, 1996, p. 260-261.

[93] BONAVIDES, Paulo. *A Constituição aberta*. Belo Horizonte: Del Rey, 1993, p. 181.

mas sim, para a partir de sua carga principiológica servir à sociedade.[94]

É nesse contexto que será preciso compreender que o novo constitucionalismo – e os princípios que o conformam e lhe são condição de possibilidade – proporciona uma profunda alteração no papel do direito. E parece evidente que o Direito Penal não poderia ficar imune a esses influxos. Dito de outro modo, não mais se pode pensar o Direito Penal como se estivéssemos no século XIX. Se o Estado passou de inimigo dos direitos fundamentais a potencial amigo desses direitos, parece também evidente que o Direito Penal deve ser analisado no mesmo contexto, isto é, ele também terá um novo papel. É aqui que devemos analisar, amiúde, o papel dos princípios, e, em especial, o da proporcionalidade, uma vez que toda lei deve ser razoável e proporcional. Sob qualquer ângulo ou aspecto que se examine o direito, sempre estar-se-á a questionar acerca dos fins e meios utilizados pelo legislador. É evidente que essa "proporcionalidade" não deve servir de álibi para reforçar qualquer postura positivista, ou seja, a necessária proporcionalidade não é passaporte para o exercício de discricionariedades ou arbitrariedades.

3.1. O nascimento do princípio da proporcionalidade e a evolução em direção a sua dupla face

Historicamente, o princípio da proporcionalidade surgiu para dar garantia à liberdade individual em face dos interesses estatais. Até chegar ao seu entendimento atual, sempre acompanha a trajetória da evolução do Estado e, conseqüentemente, dos direitos fundamentais, daí a importância de um estudo prévio acerca dessas garantias.

Decorrido das idéias jusnaturalistas dos séculos XVII e XVIII, esse princípio buscava a consciência de que existiam direitos oponíveis até mesmo contra o próprio Estado, bem como chamava a atenção para a necessidade de serem respeitados. Era, portanto,

---

[94] CUNHA, Paulo Ferreira da. *A Constituição do crime*: da substancial constitucionalidade do direito penal. Coimbra: Editora Coimbra, 1998, p. 89.

um instrumento de controle de poder, devido a total incompatibilidade entre a monarquia absoluta e os anseios burgueses, que buscavam uma nova sociedade com garantias individuais e econômicas, principalmente.[95]

Inicialmente pode-se afirmar que o princípio da proporcionalidade foi consagrado no direito administrativo, como desdobramento do princípio da legalidade, uma vez que a idéia de proporção era somente ligada à idéia de penas.[96] Mais tarde, com o controle jurisdicional, foi preciso criar instrumentos adequados para impedir a atuação desviada dos órgãos do poder Executivo em relação aos fins das leis ou à atuação que se mostrasse prejudicial aos direitos fundamentais.[97]

Hoje, o vínculo do legislador com os direitos fundamentais e seu dever de observá-los está intimamente ligado à idéia do princípio da proporcionalidade no Direito Constitucional. A abrangência desses direitos fundamentais cresceu muito com o passar dos tempos e com a evolução do constitucionalismo. De início, havia proteções de garantias individuais, em que o Estado não intervinha nas ações coletivas, características predominantes do modelo clássico. Já nas constituições contemporâneas, há uma harmonização do interesse individual com o supra-individual, prevendo limites aos direitos fundamentais.[98]

O segundo pós-guerra foi determinante para a evolução da idéia de proporcionalidade, já que existiram consideráveis modificações na concepção das garantias fundamentais. Nesse contexto

---

[95] BARROS, Suzana de Toledo. *O princípio da proporcionalidade e o controle de constitucionalidade das leis restritivas de direitos fundamentais*. Brasília: Brasília jurídica, 1996, p. 33-34.

[96] Assim, podemos dizer que o direito sancionador foi de grande valia para o desenvolvimento teórico do princípio da proporcionalidade. Isso porque, a raiz da noção de proporcionalidade está na idéia de que o Direito, havendo de servir tanto aos direitos individuais e sociais, impediria uma penalidade que viesse a restringir algum dos direitos individuais em níveis superiores àqueles reclamados pelo interesse coletivo. (FELDENS. Luciano. *A Constituição penal*, op. cit., p. 156).

[97] BARROS, Suzana de Toledo. *O princípio da proporcionalidade e o controle de constitucionalidade das leis restritivas de direitos fundamentais*, op. cit., p. 35.

[98] MARTINS, Leonardo. Proporcionalidade como critério do controle de constitucionalidade – problemas de sua recepção pelo direito e jurisdição constitucional brasileiros In: *Revista da AJURIS*. Porto Alegre, n. 101, março. 2006, p. 194.

histórico, o avanço da proporcionalidade coincide com um novo paradigma, o de eficácia dos princípios constitucionais.[99] Desse modo, o princípio da proporcionalidade vincula os poderes estatais a um agir conforme a Constituição.

O princípio da proporcionalidade tem sua principal área de atuação no âmbito dos direito fundamentais, isso porque é o responsável por determinar os limites – máximos e mínimos – de intervenções estatais nas esferas individuais e coletivas, sempre tendo em vista as funções e os fins buscado pelo Estado Democrático de Direito. Essa característica se mostra mais visível quando falamos no Direito Penal, uma vez que, responsável por tutelar os bens jurídicos constitucionais, esse ramo do direito deverá zelar, ao mesmo tempo, pela proibição de abusos – arbitrariedades – estatais, bem como efetivar as necessidades fundamentais do indivíduo e da sociedade conforme estabelecido nas diretrizes constitucionais.

A jurisprudência constitucional[100] dos países europeus tem aberto caminho para a utilização do princípio da proporcionalidade como um instrumento de regulação do controle de constitucionalidade das restrições aos direitos fundamentais, levando a desclassificar as intervenções que ensejam em um sacrifício inútil e desnecessário aos mesmos.[101] Essa idéia clássica do princípio da proporcionalidade, podemos assim clamá-la, não encontra obstáculo de aplicação, pois seu conteúdo traz somente a idéia de proteção de bens jurídicos frente ao Estado – idéia iluminista.

---

[99] FELDENS. Luciano. *A Constituição penal*, op. cit., p. 158.

[100] "El BVerfG considera que la principal función del principio de proporcionalidad en sentido amplio, es de límite a las injerencias de los derechos fundamentales. Algún autor ha llegado a afirmar que, en este ámbito, el principio de proporcionalidad constituye el mayor logro de Derecho público desde 1945. En tanto que el principio de proporcionalidad pretende establecer una relación entre el medio y el fin, a través de la comparación entre motivos o los fines de la injerencia y los efectos de la misma, posibilita un control de exceso. De ello se deriva que una serie de injerencias a los derechos fundamentales siempre serán contraías al principio de proporcionalidad, por resultar excesivas." (CORREA, Teresa Aguado. *El principio de proporcionalidad en derecho penal*. Madrid: EDERSA, 1999, p. 70-71)

[101] MESA, Gloria Patricia Lopera. *Principio de proporcionalidad y ley penal*: bases para un modelo de control de constitucionalidad de las leyes penales. Madrid: Centro de Estudios Políticos y Constitucionales, 2006, p. 27.

De início, faz-se necessário arrolar diversas definições acerca do princípio da proporcionalidade, isso porque talvez este seja o princípio mais trabalhado no direito, e atualmente o mais discutido, pois diz respeito diretamente à defesa dos direitos fundamentais. De plano, opta-se por trazer um conceito presente em um trecho de uma decisão do Tribunal Constitucional Federal Alemão, que pela primeira vez expressou com clareza seu entendimento sobre o princípio em questão:

> O meio empregado pelo legislador deve ser adequado e necessário para alcançar o objetivo procurado. O meio é adequado quando com seu auxílio se pode alcançar o resultado desejado; é necessário, quando o legislador não poderia ter escolhido um outro meio, igualmente eficaz, mas que não limitasse ou limitasse de maneira menos sensível o direito fundamental.[102]

Relevante, também, trazermos a que foi, possivelmente, a primeira referência à consagração do princípio da proporcionalidade no Tribunal Constitucional Espanhol.

> La cuestión planteada se centra en determinar si la desproporción de la pena alegada por el recurrente vulnera uno de los derechos fundamentales susceptibles de tal recurso. Problema distinto sería examinar si el principio de proporcionalidad de la pena pueda considerarse consagrado por otros preceptos constitucionales. Especialmente los que constituyen a España como Estado de Derecho y proclaman la justicia como valor superior de su ordenamiento jurídico (art. 1) y el que establece que la dignidad de la persona humana y los derechos que le son inherentes son fundamento del orden político y de la paz social (art. 10) podrían invocarse como argumentos a favor de que nuestra Constitución consagre esa idea de proporcionalidad de la pena. En ese sentido se ha movido la jurisprudencia del Tribunal Constitucional Federal Alemán y podría recurrirse a precedentes más antiguos, pues tales ideas se desarrollan en Europa a partir del siglo XVIII, dentro de la preocupación humanitaria que aparece en la doctrina penal de esa época y que se refleja en la Declaración de Derechos del Hombre y del Ciudadano de 1789, que proclama en su art. 8 que «la Ley no debe establecer otras penas que las estrictas y evidentemente necesarias». Pero la cuestión planteada en el presente recurso no es la de discutir los problemas, nada fáciles por otra parte, que plantean en relación con el principio de proporcionalidad y moderación de las penas esos preceptos constitucionales, sino de manera más concreta determinar si en el caso presente la alegada desproporcionalidad de la pena impuesta al recurrente puede vulnerar los derechos fundamentales y libertades públicas susceptibles de

---

[102] Decisão BVerfGE 30.

amparo, entre los que el recurrente cita los consagrados en los arts. 25.1, 15 y 14 de la Constitución.[103]

Nessa decisão, o Tribunal Constitucional evita pronunciar-se sobre a possível consagração do princípio da proporcionalidade, muito embora tenha reconhecido a possibilidade de invocar os artigos 1º e 10º da Constituição Espanhola.

Entretanto, as primeiras decisões do Tribunal Constitucional Espanhol que realmente abordam o tema com mais profundidade foram as *sentencias* 55/1996 e 136/1999, respectivamente,

> [...] la relación de proporción que deba guardar un comportamiento penalmente típico con la sanción que se le asigna será el fruto de un complejo juicio de oportunidad del legislador que, aunque no puede prescindir de ciertos límites constitucionales, éstos no le imponen una solución precisa y unívoca [...] La posición constitucional del legislador [...] obliga a que la aplicación del principio de proporcionalidad para controlar constitucionalmente sus decisiones deba tener lugar de forma y con intensidad cualitativamente distinta a las aplicadas a los órganos encargados de interpretar y aplicar las leyes [...][104]

e

> El principio de proporcionalidad no constituye en nuestro ordenamiento constitucional un canon de constitucionalidad autónomo. Mas la desproporción entre el fin perseguido y los medios empleados para conseguirlo puede dar lugar a un enjuiciamiento desde la perspectiva constitucional cuando esa falta de proporción implica un sacrificio excesivo e innecesario de los derechos que la Constitución garantiza.[105]

Sabe-se que a norma penal não pode se ater a proteção de bens constitucionalmente proscritos ou socialmente irrelevantes – princípio do Direito Penal como *última ratio* –, mas deve buscar, por outro lado, uma necessária e proporcional proteção àqueles direitos com transcendência individual e social, previstos na norma fundamental. Por isso, serão os direitos protegidos pela Constitui-

---

[103] ESPANHA. Tribunal Constitucional Espanhol. *Sentencia 65/1986*. Julgado em 22 de maio de 1986. Disponível em <http://www.tribunalconstitucional.es/>. Acesso em 20 jul. 2008.

[104] ESPANHA. Tribunal Constitucional Espanhol. *Sentencia 55/1996*. Julgado em 28 de março de 1996. Disponível em <http://www.tribunalconstitucional.es/>. Acesso em 20 jul. 2008.

[105] ESPANHA. Tribunal Constitucional Espanhol. *Sentencia 136/1999*. Julgado em 20 de julho de 1999. Disponível em <http://www.tribunalconstitucional.es/>. Acesso em 20 jul. 2008.

ção – e tudo que os envolve – o objeto de análise do princípio da proporcionalidade.

De início, é necessário mencionar que a doutrina tradicional faz a distinção entre uma concepção *estrita* e uma concepção *ampla* do princípio da proporcionalidade. O primeiro caso, com uma idéia mais simplória, se preocupa tão-somente em fazer uma adequação entre a gravidade do delito e a pena aplicada; já no segundo, existe a necessidade de examinar, de uma maneira mais global, os custos e os benefícios de uma intervenção punitiva, verificando sua *adequação/idoneidade, necessidade* e *estrita proporcionalidade*.[106]

Sua formulação mais conhecida, oriunda das decisões da dogmática alemã, é a concepção ampla, que divide o princípio da proporcionalidade em três subdivisões:[107] o da *adequação/idoneidade*, responsável por verificar se a medida limitadora é um meio apto a alcançar o fim necessário; o da *necessidade*, que busca estabelecer a medida penal mais benigna e idônea para alcançar o fim buscado pela intervenção; o *proporcionalidade em sentido estrito*, que indicará se a medida adotada gera mais benefícios do que prejuízos, levando em conta o conjunto de direitos e bens colocados em jogo, de modo a verificar, por um lado, a intensidade da restrição a um direito fundamental e, em oposição, o nível de satisfação na realização de outro direito fundamental (que acaba restringindo a implementação do primeiro).

---

[106] MESA, Gloria Patricia Lopera. *Principio de proporcionalidad y ley penal*, op. cit., p. 171.

[107] A primeira decisão do Tribunal Constitucional Espanhol que fala expressamente na adequação/idoneidade, necessidade e proporcionalidade como requisitos ou condições necessárias para fazer um juízo de proporcionalidade se fez nos seguintes termos: "para comprobar si la medida impeditiva del ejercicio del derecho de reunión supera el juicio de proporcionalidad exigible, es necesario constatar si cumple los siguientes tres requisitos o condiciones: si tal medida era susceptible de conseguir el objetivo propuesto -la garantía del orden público sin peligro para personas y bienes-; si, además, era necesaria en el sentido de que no existía otra medida más moderada para la consecución de tal propósito con igual eficacia; y, finalmente, si la misma era proporcionada, en sentido estricto, es decir, ponderada o equilibrada por derivarse de ella más beneficios o ventajas para el interés general que perjuicios sobre otros bienes o valores en conflicto." (ESPANHA. Tribunal Constitucional Espanhol. *Sentencia 66/1995*. Julgado em 08 de maio de 1995. Disponível em < http://www.tribunalconstitucional.es/>. Acesso em 20 jul. 2008).

Já para José Afonso da Silva, os subprincípios da proporcionalidade guardam entre si uma relação de subsidiariedade. Assim, a *necessidade* só seria cogitada se o ato questionado de inconstitucionalidade tivesse passado, previamente, pela *adequação*, do mesmo modo que a *proporcionalidade estrita* só seria empregada quando a *necessidade* e a *adequação* estivessem em perfeita harmonia constitucional. Para o autor, é exatamente porque guardam uma relação de subsidiariedade que se faz necessária essa divisão em sub-regras, do contrário, não haveria razão de existirem.[108]

Embora uma grande parte da doutrina seja adepta dessa subdivisão do princípio em questão, acreditamos que esta somente abre a possibilidade para interpretações aleatórias do que seja, de fato, cada um desses subprincípios. Ou melhor dizendo, possibilita que cada aplicador do direito diga a *sua* idéia de *necessidade, adequação* e *proporcionalidade em sentido estrito*, a partir do seu modo de ver o direito – que sabemos, é muito diferente para cada um. Além disso, acaba por aceitar, acriticamente, a idéia de ponderação,[109] ou segundo Robert Alexy, "Lei do balanceamento", visto que o terceiro na linha de subdivisão trata exatamente disso.

Sabemos que é o princípio da proporcionalidade – no modo como vem sendo trabalhado a partir, principalmente, do direito alemão – que orientará o ordenamento jurídico na gestão da vigência das liberdades ou autonomia pessoal. Explicando melhor, se a autonomia constitui um dos valores fundamentais do Estado Democrático de Direito, as normas penais, enquanto restritivas de tais liberdades, só encontrariam legitimação se sua finalidade fosse gerar mais liberdades do que sacrificar – e, nesse caso, o Estado só poderá intervir nas liberdades individuais para fazê-la compatível com o exercício das liberdades alheias e como forma de buscar os objetivos sociais que ele julgue valiosos. Do contrário, seriam classificadas como normas desproporcionais, e tal desproporção poderia advir da falta de necessidade da pena – quando uma pena com

---

[108] AFONSO DA SILVA, José. O proporcional e o razoável. In: *Revista dos Tribunais*. n. 798, ano 91, abr. 2002, p. 34.
[109] Crítica feita por nós no item 3.2.

menos restrição de liberdade alcance os mesmos resultados que uma de maior restrição, com igual eficácia.[110]

Por outro lado, poderíamos falar em desproporcionalidade no excesso da pena em comparação com a conduta lesiva, e estaríamos diante da desproporcionalidade em sentido estrito. Entretanto, em qualquer dos casos, a questão é que a pena deve ser idônea para alcançar os fins de proteção perseguidos pelo Direito Penal e, principalmente, pela Constituição.

Talvez seja por essa razão que Gilmar Mendes vai dizer que o princípio da proporcionalidade se qualifica como postulado básico de contenção de excessos por parte do Poder Público, por isso é "[...] essencial à racionalidade do Estado Democrático de Direito e imprescindível à tutela mesma das liberdades fundamentais [...]",[111] embora, como veremos, ele mesmo adote a outra face da proporcionalidade (*Untermassverbot*), em determinadas ocasiões, como observaremos na seqüência.

Para Luigi Ferrajoli[112] "o fato de que entre a pena e o delito não exista nenhuma relação natural não exime a primeira de ser *adequada* ao segundo em alguma medida. Ao contrário, precisamente o caráter convencional e legal do nexo retributivo que liga a sanção ao ilícito penal exige que a eleição da quantidade e da qualidade de uma seja realizada pelo legislador e pelo juiz *em relação* à natureza e gravidade do outro." Acrescenta, ainda, que o princípio da proporcionalidade pode ser expresso na máxima *poena debet commensurari delicto* e que é um corolário dos princípios da legalidade e da retributividade.

Tem razão o mestre italiano, pois isso acaba quebrando qualquer relação de imanência (ontologia clássica) entre a pena e o bem jurídico protegido. E é exatamente por isso que a Constituição assume o papel fundamental no elenco dos bens jurídicos a serem protegidos, porque ela impede a discricionariedade e a arbitrariedade do legislador.

---

[110] MOURULLO, Gonzalo Rodríguez. *Delito y pena en la jurisprudencia constitucional*. Madrid: Civitas, 2002, p. 74.

[111] MENDES, Gilmar Ferreira. *Controle de constitucionalidade: aspectos jurídicos e políticos*. São Paulo: Saraiva, 1990, p. 57.

[112] FERRAJOLI, Luigi. *Direito e razão*, op. cit., p. 320.

Já nos termos de Gomes Canotilho,[113] "meios e fins são colocados em equação mediante um juízo de ponderação, com o objectivo de se avaliar se o meio utilizado é ou não desproporcionado em relação ao fim. Trata-se, pois, de uma questão de 'medida' ou 'desmedida' para alcançar um fim: pesar as desvantagens dos meios em relação às vantagens do fim".

Para Bernal Pulido,[114] o princípio da proporcionalidade é utilizado na jurisprudência constitucional "[...] como critério para determinar o conteúdo dos direitos fundamentais que resulta vinculante para o legislador", sendo que este princípio deve "[...] se aplicar inexoravelmente no controle sobre a criação legislativa dos delitos e das penas e sobre sua imposição por parte do juiz". Ainda assevera que para que "[...] uma intervenção penal na liberdade ou nos demais direitos fundamentais seja legítima, o grau de realização do objetivo da intervenção (quer dizer, de proteção ao bem jurídico) deve ser pelo menos equivalente ao grau de afetação da liberdade ou do direito fundamental".

Claus Roxim[115] traz a idéia de que os tribunais devem lançar mão do princípio da proporcionalidade no momento de decidir sobre a admissibilidade de uma intervenção jurídico-penal. Refere que "[...] uma norma penal que não protege um bem jurídico é ineficaz pois é uma intervenção excessiva na liberdade dos cidadãos". Assim, o legislador deverá deixar uma margem de decisão no momento de verificar se uma norma penal é um instrumento útil para a proteção de bens jurídicos. No entanto, quando não for possível encontrar uma fundamentação justificável, a conseqüência deve ser a ineficácia de uma norma penal "desproporcional".

Nas palavras de Guilhermo Yacobucci[116] o princípio da proporcionalidade é o "[...] ejercicio razonable del poder político en

---

[113] CANOTILHO, Joaquim Gomes. *Direito Constitucional e teoria da Constituição.* 3. ed. Coimbra: Almedina, 1998, p. 219.

[114] PULIDO, Carlos Bernal. *O princípio da proporcionalidade na legislação penal,* op. cit., p. 821-824.

[115] ROXIN, Claus. *A proteção de bens jurídicos como função do Direito Penal,* op. cit., p. 7-8.

[116] YACOBUCCI, Guilhermo Jorge. El principio de proporcionalidad como regra fundamental de la política criminal. In: SCHMIDT, Andrei Zenkner (Org). *Novos Rumos do direito penal contemporâneo.* Livro em homenagem ao prof. Dr. Cezar Roberto Bitencourt. Rio de Janeiro: Lumen Juris, 2006, p. 91.

tanto eficaz para la realización de las exigencias del bien común, integrando y respetando los derechos fundamentales de los ciudadanos", ademais, "[...] regula prudencialmente el nivel de impacto de la potestad punitiva en la existencia social".

Cuida-se, portanto, de avaliar a compatibilidade entre fins e meios, de modo a evitar as restrições desnecessárias aos direitos e às garantias fundamentais. Destarte, é oportuno referir a célebre frase de George Jellinek, que de certa forma expressa todo o conteúdo desse princípio: "não se abatem pardais disparando canhões".

Assim, é possível dizer que o princípio da proporcionalidade pressupõe fins e estabelece meios adequados para a proteção de bens jurídicos. Por isso, para o que interessa neste presente estudo, devemos saber se é razoável mobilizar a máquina penal para proteger determinado bem jurídico, ou melhor dizendo, se é razoável invadir a esfera de liberdade individual em prol dessa proteção. Veja-se, aqui, a presença da proibição de excesso.

Por isso, devemos ter em mente o que refere André Callegari[117] quando diz que o princípio da proporcionalidade transcende as questões de mera culpabilidade, na medida em que

> o Direito Penal constitui uma limitação de direitos fundamentais: entre as condições sob as quais é legítima a limitação de um direito fundamental se encontra também a proporcionalidade que deve existir entre a limitação e a importância do direito afetado. Portanto, o princípio da proporcionalidade obriga ao legislador a não ameaçar com imposição de penas de excessiva gravidade em relação ao bem protegido. Dessa forma, o legislador está duplamente limitado com respeito à gravidade das penas: por um lado não pode impor penas desumanas ou degradantes, por intermédio da dignidade da pessoa e, por outro, deve estabelecer penas proporcionais à gravidade do delito que se sanciona.

Ainda que não haja consagração normativa acerca desse princípio,[118] seu reconhecimento constitucional foi determinado por vá-

---

[117] CALLEGARI, André Luís. Os princípios da proporcionalidade e da ofensividade no direito penal como legitimadores da sanção penal. Análise crítica em relação às penas nos crimes contra os costumes. In: *Revista da AJURIS*, Porto Alegre, n. 102, jun, 2006, p. 44.

[118] É necessário deixar esclarecido que a existência do princípio da proporcionalidade não depende de estar contido em uma formulação textual na Constituição. Entretanto, a Constituição portuguesa em seus artigos 226º, 2, e 19º, 4, prevê, respectivamente, que "os órgãos e agentes administrativos estão subordinados à Constituição e à lei e devem actuar, no exercício das suas funções, com respeito pelos

rias Cortes Constitucionais, dentre elas o Tribunal Constitucional Federal Alemão, seu maior precursor. No âmbito do constitucionalismo alemão já se fazia presente a idéia de proibição de excesso no tocante aos direitos fundamentais, ainda que não expressa na Constituição, declarando que essa proibição (*Übermassverbot*) e o princípio da proporcionalidade (*Verhältnismässingkeitsprinzip*) são regras gerais aplicáveis a toda a atividade estatal, derivadas do princípio Constitucional do Estado de Direito.

Podemos concluir, destarte, que a Constituição não deve ser vista de modo unilateral, preocupada unicamente com a defesa do indivíduo, mas também com a defesa dos direitos fundamentais de toda uma sociedade, até porque estamos sob a égide de um novo paradigma constitucional. Nas palavras de Maria Ferreira da Cunha,[119] "assim como teria legitimidade para conter o poder incriminador, autorizando-o apenas à tutela de objetos legítimos, teria também legitimidade para lhe impor um âmbito mínimo irrenunciável de tutela". Isso porque somente essa concepção estaria adequada com o atual paradigma constitucional. Ainda acrescenta a autora portuguesa que "as críticas às imposições de criminalização radicariam ainda numa herança da visão liberal pura das relações entre Sociedade e Estado e da Constituição como mera garantidora de omissões estaduais, visão que se deve considerar, hoje, manifestamente insuficiente".

Segundo Gloria Mesa,[120] devemos diferenciar a estrutura argumentativa do princípio da proporcionalidade, enquanto empre-

---

princípios da igualdade, da proporcionalidade, da justiça, da imparcialidade e da boa-fé" e "a opção pelo estado de sítio ou pelo estado de emergência, bem como as respectivas declaração e execução, devem respeitar o princípio da proporcionalidade e limitar-se, nomeadamente quanto às suas extensão e duração e aos meios utilizados, ao estritamente necessário ao pronto restabelecimento da normalidade constitucional". Também podemos observar a presença do princípio da proporcionalidade na recente reforma ao Código de Processo Penal – Lei 11.690/08 – que, alterando o artigo 156 (embora este artigo venha reafirmar o sistema inquisitório), passa a prever que "a prova da alegação incumbirá a quem a fizer, sendo, porém, facultado ao juiz de ofício: I – ordenar, mesmo antes de iniciada a ação penal, a produção antecipada de provas consideradas urgentes e relevantes, observando a necessidade, adequação e proporcionalidade da medida; [...]".

[119] CUNHA, Maria da Conceição Ferreira da. *Constituição e crime*, op. cit., p. 306.
[120] MESA, Gloria Patricia Lopera. *Principio de proporcionalidad y ley penal*, op. cit., p. 259-260.

gado para o controle de intervenção aos direitos fundamentais, a partir de duas vertentes: de defesa ou de prestação. A primeira, de acordo com a orientação clássica de proibição de excesso (*Übermassverbot*), a segunda, identificando-se com a proibição de infraproteção (*Untermassverbot*). A adoção de uma ou outra perspectiva dependerá, então

> Del modo que se conciba la relación entre derechos fundamentales y ley penal, la cual puede ser contemplada desde dos puntos de vista: por un lado, la ley penal representa una *intervención* en derechos fundamentales, en concreto, en aquellas posiciones iusfundamentales de defensa que se ven afectadas por las prohibiciones y las sanciones establecidas por el legislador. En este caso el principio da proporcionalidad se aplica desde la perspectiva de *prohibición de exceso* (*Übermassverbot*), a fin de verificar que la ley penal no impone un sacrificio desproporcionado, por exceso, a los derechos fundamentales que son objeto de restricción, ya sea por la configuración del tipo penal por la clase y cuantía de pena prevista como consecuencia jurídica. Pero asimismo la ley penal puede ser vista como un mecanismo de *protección* de derechos fundamentales, por cuanto éstos, en su vertiente prestacional de *derechos a protección*, demandan de los poderes públicos la adopción de medidas de diversa índole, incluso penales, que garanticen a los individuos el disfrute efectivo de sus derechos frente a amenazas provenientes de terceros.

Ou seja, trata-se de uma questão que envolve um novo olhar sobre o direito. Trata-se de rupturas paradigmáticas. Afinal, ao legado do liberalismo (proteção do indivíduo contra o Estado) agora se agregam as demandas de um constitucionalismo que passa a se importar com a sociedade. Assim, se no liberalismo o patamar é o indivíduo e no Estado Social é o grupo, no Estado Democrático de Direito é o conjunto dos cidadãos envolvidos na transformação social, que implica até mesmo, no limite, considerar inconstitucional determinadas omissões do legislador.

3.2 As críticas possíveis à proporcionalidade e seu vínculo com a discricionariedade. A importância da proporcionalidade entendida como "equanimidade"

Lenio Streck, por meio de seu trabalho envolvendo a hermenêutica filosófica, afirma que o princípio da proporcionalidade não pode – e não deve – ter o mesmo significado que lhe dá a Teoria da Argumentação. Destarte, para a hermenêutica filosófica

> [...] o princípio da proporcionalidade é (apenas) um modo de explicar que cada interpretação – que nunca pode ser solipsista – deve se razoável, isto é, deve obedecer uma reconstrução integrativa do direito (e da legislação), para evitar interpretações discricionárias/arbitrárias sustentadas em uma espécie de "grau zero de sentido", que, sob o manto do caso concreto, venha a estabelecer sentidos para aquém ou para além da Constituição [...][121]

Como exemplo, o autor traz o tratamento dado aos *easy and hard cases* no positivismo, em que os primeiros seriam resolvidos por simples subsunção do fato à norma, e, os segundos, colocados a cargo do juízo arbitrário do magistrado. No entanto, ao se falar em pós-positivismo (nas teorias da argumentação jurídica), pouca evolução se vê no tratamento dado a essas questões, uma vez que, embora se utilize a ponderação de princípios para os *hard cases* (indeteminações, insuficiências ônticas, ausência de respostas satisfatórias) a discricionariedade/arbitrariedade continua presente, pois ainda depende de uma "escolha" do juiz. Na verdade, acabamos nos deparando com o mesmo decisionismo de Hans Kelsen[122] e a discricio-

---

[121] STRECK, Lenio Luiz. O sentido hermenêutico-constitucional da ação penal nos crimes sexuais: os influxos da Lei dos crimes hediondos e da Lei Maria da Penha. In: KLEVENHUSEN, Renata Braga (Coord.). *Direitos fundamentais e novos direitos*. Rio de Janeiro: Lumen Juris, 2006, p. 11.

[122] "O acto jurídico que efectiva ou executa a norma pode ser conformado por maneira a corresponder a uma ou outra das várias significações verbais da mesma norma, por maneira a corresponder à vontade do legislador – a de determinar por qualquer forma que seja – ou, então, à expressão por ele escolhida, por forma a corresponder a uma ou outra das duas normas que se dizem ou por forma a decidir como se as duas normas em contradição se anulassem mutuamente [...] Se por interpretação se entende a fixação por via cognoscitiva do sentido do objecto a interpretar, o resultado de uma interpretação jurídica somente pode ser a fixação da moldura que representa o Direito a interpretar e, conseqüentemente, o conhecimento das várias possibilidades que dentro desta moldura existem. Sendo assim, a interpretação de uma lei não deve necessariamente conduzir a uma única solução como sendo a única correcta, mas possivelmente a várias soluções que – na medida em que apenas sejam aferidas pela lei a aplicar – têm igual valor, se bem que apenas uma delas se torne Direito positivo no acto do órgão aplicador do Direito [...] Dizer que uma sentença judicial é fundada na lei, não significa, na verdade, senão que ela se contém dentro da moldura ou quadro que a lei representa – não significa que ela é *a* norma individual, mas apenas que é *uma* das normas individuais que podem ser produzidas dentro da moldura da norma geral". (grifo nosso) (KELSEN, Hans.

nariedade[123] de Herbert Hart[124] (a moldura e a zona da franja, respectivamente).

Nesse mesmo sentido é a crítica de Ronald Dworkin[125] quando diz que "en el positivismo jurídico encontramos una teoría de los casos difíciles. Cuando un determinado litigio no se puede subsumir claramente en una norma jurídica, establecida previamente por alguna institución, el juez – de acuerdo con esta teoría – tiene discreción para decidir el caso en uno u otro sentido".

E é nesse contexto que a hermenêutica filosófica busca questionar alguns pressupostos da Teoria da Argumentação, pois enquanto esta trata os princípios enquanto mandados/postulados de otimização e, com isso, possibilita margem a uma "abertura" interpretativa (o que traz a baila de novo a subjetividade do julgador), aquela parte da idéia de que os princípios vieram para superar a abstração da regra, colocando em "prática" o próprio mundo prático, voltado para o homem e seu modo de ser no mundo, com toda a sua historicidade e faticidade.[126] E é essa inserção do modo prático no direito que traz a possibilidade do "fechamento" in-

---

Teoria pura do direito. Tradução de João Baptista Machado. 5. ed. Coimbra: Armênio Amado, 1979, p. 467).

[123] O termo discricionariedade refere-se a um espaço – denominado, por exemplo, em Hart como "zona da penumbra" e por Kelsen como "espaço da moldura" – a partir do qual o julgador estaria legitimado a atribuir livremente os sentidos aos textos e, por via de conseqüência, a criar a solução adequada para o caso em análise. De todo modo é importante referir que a discricionariedade aqui criticada não se confunde com a discricionariedade administrativa, entendida como a prática de um ato autorizado por lei e mantido adstrito ao princípio da legalidade. O ato discricionário administrativo, nesses termos, somente será legítimo se estiver de acordo com a estrutura legal, sempre com o alerta de que, nos países que possuem tribunais administrativos, esse grau de discricionariedade (administrativa) tende a se enfraquecer.

[124] Hart, em seu livro Conceito de Direito, defende a tese de que nos casos difíceis o juiz tem poder discricionário para encontrar a resposta. (HART, Herbert L. A. *O conceito de Direito*. 2. ed. Lisboa: Fundação Calouste Gulbenkian, 1994).

[125] DWORKIN, Ronald. *Los derechos en serio*. 5. reimp. Barcelona: Ariel, 2002, p.146.

[126] STRECK, Lenio Luiz. *Verdade e consenso*. op. cit., p. 144. Encontramos essa crítica também em Habermas (HABERMAS, Jürgen. *Direito e Democracia*: entre faticidade e validade. V. I e II. Rio de Janeiro: Tempo brasileiro, 1992).

terpretativo[127], afastando, assim, o fantasma da discricionariedade, responsável por produzir

> [...] uma espécie de adaptação darwiniana do positivismo jurídico face à crescente judicialização do direito, que funciona a partir da elaboração de conceitos jurídicos com objetivos universalizantes, utilizando, inclusive, os princípios constitucionais. Ou seja, os princípios constitucionais que deveriam superar o modelo discricionário do positivismo, passam a ser anulados por conceitualizações, que acabam por transformá-los em "regras" ou "proto-regras" (verbetes, conceitos lexicográficos, enunciados, súmulas, etc.).[128]

Nesse sentido, os princípios[129] vieram possibilitar uma nova visão do direito, mas não uma visão no sentido de que com uma abertura principiológica fossem abertas possibilidades interpretativas. E é assim que se insere a importância do debate[130] entre

---

[127] Tanto Dworkin (DWORKIN, Ronald. *O império do Direito*. Tradução de Jefferson Luiz Camargo. São Paulo: Martins Fontes, 1999 e *Los derechos en serio*, op. cit.), Habermas (HABERMAS, Jürgen. Direito e Democracia, op. cit) e Ferrajoli (FERRAJOLI, Luigi. *Direito e razão*, op. cit.) sustentam a tese, a partir de distintas matrizes teóricas, de que os princípios "fecham" a interpretação. Seguindo essa linha no Brasil, por todos, Marcelo Cattoni (CATTONI DE OLIVEIRA, Marcelo Andrade. Jurisdição e hermenêutica constitucional no Estado democrático de Direito; um ensaio de teoria da interpretação enquanto teoria discursiva da argumentação jurídica de aplicação. In: CATTONI DE OLIVEIRA, Marcelo Andrade (Org.). *Jurisdição e Hermenêutica Constitucional no Estado Democrático de Direito*. Belo Horizonte: Mandamentos, 2004, v. 1) e Lenio Streck (STRECK, Lenio Luiz. *Verdade e Consenso*, op. cit).

[128] STRECK, Lenio Luiz. *Verdade e consenso*, op. cit., p. 143.

[129] Os conflitos são trazidos para dentro do direito a partir de uma gama de princípios, possibilitando o resgate do mundo prático, antes aprisionado em um mundo de regras. A abstração das regras esquece o mundo prático porque trabalha com técnicas subsuntivas de interpretação, deixando de lado a singularidade do caso concreto.

[130] Discutir a discricionariedade é falar de um dos três pilares que sustentam as idéias positivistas. Como se sabe, as principais características do positivismo são: a separação entre o direito e moral, a questão das fontes sociais do direito e a própria discricionariedade. Não duvidamos que o positivismo foi um avanço em relação ao jusnaturalismo. No entanto, passa a ser um atraso em relação ao pós-positivismo, paradigma atual de compreensão. O problema da discricionariedade foi discutido por dois dos maiores jusfilósofos do século XX. O aluno Dworkin critica veementemente seu professor Hart, que defendia o uso da discricionariedade judicial para a solução dos casos difíceis – *hard cases*. Isto porque em Hart o direito é um modelo de regras. A crítica de Dworkin está fundada na relevante circunstância de que os juízes não possuem discricionariedade. Os "casos difíceis" são resolvidos, segundo Dworkin, a partir dos princípios, que possuem força normativa. Mais do que isso, a tese Dworkiana da resposta correta é um contraponto às teses positivistas (e portan-

Ronald Dworkin[131] e Herbert Hart,[132] em que encontramos exatamente o cerne da discussão da discricionariedade que no positivismo servia para resolver casos difíceis.

A crítica feita a Robert Alexy se mostra muito relevante, pois, para o autor alemão, um dos tópicos mais importantes, e o que ocuparia um lugar central no debate sobre a interpretação dos direitos fundamentais, é o papel da ponderação de princípios (ou pesagem de princípios). Para Alexy, essa ponderação é um aspecto daquilo que é exigido por um outro princípio: o da proporcionalidade. Este, por sua vez, é subdividido em três subprincípios: adequação, necessidade e proporcionalidade em sentido estrito (ponderação propriamente dita). Os dois primeiros dizem respeito à otimização relativa àquilo que é faticamente possível, o terceiro e último, refere-se à otimização com relação às possibilidades jurídicas e pode ser expresso pela regra "quanto maior o grau de não satisfação, ou detrimento, de um princípio, maior deve ser a importância de se satisfazer outro", também chamada de Lei da ponderação.[133]

Para Álvaro Souza Cruz,[134] o emprego do princípio, neste caso, pressupõe a Constituição como uma tábua de valores, e faz a crítica à cada um dos subprincípios tradicionais da proporcionalidade:

> O primeiro deles, o da adequação, autoriza que o Judiciário examine se as estratégias de ação previstas na norma são adequadas a alcançar seu fim! Ora, [...] tal exigência pode facilmente se tornar um argumento pragmático e, sua definição, como já se viu, é tarefa exclusiva do legislador político. O segundo permite uma análise de um hipotético rol de meios dos quais o legislador político teria lançado mão, e a partir de então detectar que havia outro meio menos gravoso de modo a permitir a declaração da inconstitucionalidade das normas por meio de um cálculo utilitarista. Com Macintyre, cabe perguntar: quem deve definir o que é mais gravo-

---

to não só de Hart) que apostam em múltiplas respostas. Com isso, os princípios não servem apenas para "otimizar" a interpretação; ao contrário, eles são a sua condição de possibilidade.

[131] Nesse sentido ver DWORKIN, Ronald. *O império do Direito*, op. cit.

[132] HART, Herbert. *O Conceito de Direito*, op. cit.

[133] ALEXY, Robert. Ponderação, jurisdição constitucional e representação popular. In: SOUZA NETO, Cláudio Pereira de; SARMENTO, Daniel (Orgs.) *A constitucionalização do direito*: fundamentos teóricos e aplicações específicas. Tradução de Thomas da Rosa de Bustamante. Rio de Janeiro: Lumen Juris, 2007, p. 295-296.

[134] CRUZ, Álvaro Ricardo de Souza. *Hermenêutica Jurídica e(m) debate*: o constitucionalismo brasileiro entre a teoria do discurso e a ontologia existencial. Belo Horizonte: Editora Fórum, 2007, p. 213-214.

so? E, o que podemos entender por aquilo que é mais gravoso ou menos prazeroso? [...] Por fim, o terceiro, a ponderação *estrito sensu*! Por ela, deixa-se claro que as leis têm sua constitucionalidade aferida com base em valores, fazendo com que o sistema jurídico deixe de ser jurídico, eis que o código binário [lícito-ilícito] restou absolutamente violado [...].

Robert Alexy dirá que "interpretar direitos fundamentais à luz do princípio da proporcionalidade é tratar os direitos fundamentais como mandados de otimização, ou seja, como princípios, não simplesmente como regras".[135] Para o autor, ter os princípios como mandados de otimização, significa dizer que "o problema das relações de prioridade entre princípios corresponde ao problema da hierarquia de valores".[136] Ademais, como mandados de otimização, os princípios sempre seriam aplicados, enquanto as regras não, pois dependeriam de sua validade em cada caso concreto.[137] Destarte, os princípios seriam normas as quais exigiriam que algo fosse realizado em sua máxima medida possível, diante das possibilidades jurídicas e fáticas.[138]

Segundo Marcelo Cattoni,

> ao conceber os princípios como comandos otimizáveis, [Alexy] considera que princípios que concorrem para a solução de um caso devem ser aplicados em diferentes graus, segundo as condições fáticas e jurídicas, mediante a utilização de "regras de prioridade" e do princípio da proporcionalidade, a uma mesma decisão judicial, vista como um meio preferível, conveniente ou ótimo para a realização de uma pretensa ordem de valores, que estaria pressuposto à Constituição, supostamente compartilhados por todos os membros de uma sociedade política.[139]

Percebe-se que, para Robert Alexy, essa hierarquia de valores e a conseqüente ponderação de princípios acaba sendo, em outras palavras, uma forma de "escamotear" a subsunção, o que acaba

---

[135] ALEXY, Robert. *Ponderação, jurisdição constitucional e representação popular*, op. cit., p. 295.

[136] ALEXY, Robert. *Teoría de los derechos fundamentales*. Tradução de Ernesto Garzón Valdés. Madrid: Centro Estudios, 2001, p. 138.

[137] Idem, ibidem, p. 81.

[138] ALEXY, Robert, *Ponderação, jurisdição constitucional e representação popular*, op. cit., p. 295.

[139] CATTONI DE OLIVEIRA, Marcelo Andrade. Sobre a teoria da argumentação jurídica de Robert Alexy: um ensaio crítico com base na teoria discursiva do direito e do Estado Democrático de Direito, de Jürgen Habermas. In: *Novatio Iuris*. Porto Alegre: Revista do Curso de Direito da ESADE. n. 1. jun. 2008, p. 71

dando lugar, novamente, à discricionariedade. Explicando melhor, o professor alemão propõe a ponderação como forma de solucionar a colisão de dois ou mais princípios. Tratando os princípios como valores, Alexy acaba por admitir que uns devem se sobrepor aos outros – e quem sabe até se sobrepor ao próprio Direito –, sendo, então, tarefa do juiz "escolher" o mais adequado ao caso concreto. Esquece-se, porém, que o judiciário não pode dar a "sua" interpretação aos textos, como se o direito fosse significantemente aquilo que os tribunais dizem que ele é.

É de grande relevância não se olvidar que o próprio Alexy admite expressamente a discricionariedade no sopesamento, quando afirma que "os direitos fundamentais não são um objeto passível de ser dividido de uma forma tão refinada que inclua impasses estruturais – ou seja, impasses reais no sopesamento –, de forma a torná-los praticamente sem importância. Neste caso, então, existe uma discricionariedade para sopesar, uma discricionariedade tanto do legislativo quanto do judiciário".[140] A ligação umbilical entre o princípio da proporcionalidade (e seu modo de aplicação, a ponderação) com a discricionariedade não só é admitida expressamente por Alexy, como também por Luis Pietro Sanchís,[141] ao dizer que o "juízo de ponderação" implica uma margem (considerável) de discricionariedade. No Brasil, por todos, Luiz Roberto Barroso e Ana Paula Barcellos, defendem que "cláusulas de conteúdo aberto, normas de princípio e conceitos indeterminados envolvem o exercício de discricionariedade do intérprete".[142] Como contraponto, remetemo-nos a Alonso García Figueroa,[143] para quem uma das fragilidades da teoria da argumentação alexyana é a "consagração da discricionariedade dos operadores jurídicos ante à crescente amplitude do âmbito das possibilidades discursivas".

---

[140] ALEXY, Robert. *Teoria dos Direitos Fundamentais*. Tradução de Virgílio Afonso da Silva. São Paulo: Malheiros, 2008, p. 611.

[141] SANCHÍS, Luis Pietro. Neoconstitucionalismo y ponderación judicial. In: CARBONELL, Miguel (Org.). *Neoconstitucionalismo(s)*. Madrid, Trotta, 2003.

[142] BARROSO, Luís Roberto; BARCELLOS, Ana Paula. O Começo da história. A nova interpretação constitucional e o papel dos princípios no direito brasileiro. In: BARROSO, Luís Roberto (Org.) *A nova interpretação constitucional: ponderação, direitos fundamentais e relações privadas*. Rio de Janeiro: Renovar, 2003.

[143] GARCÍA FIGUEROA, Alonso. La tesis del caso especial y el positivismo jurídico. In: *Doxa*. n. 22, 1999, p. 207-220.

> [...] en cierto modo la versión de Alexy vendría a retrasar el inevitable momento de la discreción judicial que propugna el positivismo. Segundo el positivismo, la discreción comenzaría donde se agotaran los materiales normativos positivos, y en el modelo de Alexy la discreción se desarrollaría donde los materiales normativos y morales no fueran suficientes para discriminar entre las distintas respuestas correctas.

Embora Alexy sempre trate os princípios como uma questão de ponderação, é preciso ter claro que, na verdade, foi o Tribunal Constitucional Federal Alemão que utilizou pela primeira vez essa expressão, em sua decisão sobre o caso Lüth.[144]

> Faz-se necessário proceder uma "ponderação de bens jurídicos": O direito de liberdade de expressão não pode se impor, se interesses dignos de proteção de outrem e de grau hierárquico superior forem violados por intermédio do exercício da liberdade de expressão. Para se verificar a presença de tais interesses mais importantes, tem-se que analisar todas as circunstâncias do caso.[145]

Nessa situação, haveria uma "colisão" entre o princípio da liberdade de expressão, amparando a apelação feita ao Tribunal, e o princípio que permite restrições à liberdade de expressão. Destarte, não foi Alexy quem inventou a ponderação de princípios, ele somente reelaborou o que o Tribunal Constitucional Alemão já o fizera, utilizando-se da jurisprudência de valores em uma perspectiva de modo a solucionar a colisão de princípios.

---

[144] "O cidadão alemão Erich Lüth conclamou, no início da década de cinqüenta (à época crítico de cinema e diretor do Clube da Imprensa da Cidade Livre e Hanseática de Hamburgo), todos os distribuidores de filmes cinematográficos, bem como o público em geral, ao boicote do filme lançado à época por Veit Harlan, uma antiga celebridade do filme nazista e co-responsável pelo incitamento à violência praticada contra o povo judeu (principalmente por meio de seu filme 'Jud Süβ', de 1941). Harlan e os parceiros ajuizaram uma ação cominatória contra Lüth, com base no § 826 BGB. O referido dispositivo da lei civil alemã obriga todo aquele que, por ação imoral, causar dano a outrem, a uma prestação negativa (deixar de fazer algo, no caso, a conclamação do boicote), sob cominação de uma pena pecuniária. Esta ação foi julgada procedente pelo Tribunal Estadual de Hamburgo. Contra ela, ele interpôs um recurso de apelação junto ao Tribunal Superior de Hamburgo e, ao mesmo tempo, sua Reclamação Constitucional, alegando violação do seu direito fundamental à liberdade de expressão do pensamento garantida pelo Art. 5 I 1 GG. O TCF julgou a Reclamação procedente e revogou a decisão do Tribunal Estadual." (MARTINS, Leonardo (Org). *Cinqüenta Anos de Jurisprudência do Tribunal Constitucional Federal Alemão*. Montevideo: Fundação Konrad-Adenauer-Stiftung E.V., 2006, p. 381-395.)

[145] Decisão BVerfGE 7, 198.

Segundo Marcelo Cattoni,[146] esses princípios são aplicados em diferentes graus, através da utilização de regras de prioridade juntamente com o princípio da proporcionalidade, a uma mesma decisão judicial. Esta, "[...] vista como um meio preferível, conveniente ou ótimo para a realização de um ideal totalizante da sociedade, que estaria pressuposto à Constituição: uma pretensa ordem concreta de valores, supostamente compartilhados por todos os membros da *nossa* sociedade política". Acrescenta o professor mineiro que a equiparação de princípios a valores pressupõe premissas axiológicas que não são discutidas ao longo do processo e que acabam por pré-orientar o julgamento.

Assim, podemos dizer que são as premissas axiológicas que acabam por decidir uma causa de um jeito ou de outro, tudo dependendo da escala de valores que possui o magistrado. Por isso, "tratar a Constituição como uma *ordem concreta de valores* é pretender justificar a tese segundo a qual compete ao Poder Judiciário definir o que pode ser discutido e expresso como digno desses valores".[147] Destarte, só haveria democracia sob o pressuposto de que todos os membros da sociedade política compartilham dos mesmos pressupostos axiológicos.

Na mesma esteira é a crítica de Lenio Streck,[148] para quem

> A ponderação vem a ser o mecanismo exterior pelo qual se encobre o verdadeiro raciocínio (estruturante da compreensão). Por ela, encobre-se a seguinte questão: a de que não existe semântica perfeita; enfim, não há superposição de significados. E por que não existe a semântica perfeita? Porque não há a possibilidade de extrair analiticamente de enunciados qualquer sentido; nos enunciados é preciso um *priori* para se extrair sentidos. Assim, o "remédio" contra a ponderação é um remédio contra um mecanismo de encobrimento de um raciocínio que se faz incompleto porque é feito sobre equívoco de duas situações que se decidem sobre a ponderação, que, assim, retorna ao método.

No mesmo sentido a crítica de Klaus Günther[149]

---

[146] CATTONI DE OLIVEIRA, Marcelo Andrade. *Direito, política e filosofia: contribuições para uma teoria discursiva da Constituição democrática no marco do patriotismo constitucional*. Rio de Janeiro: Lumen Juris, 2007, p. 116 – 117.

[147] Idem, ibidem, p. 119.

[148] STRECK, Lenio Luiz. *O sentido hermenêutico-constitucional da ação penal nos crimes sexuais*, op. cit., p.13.

[149] GÜNTHER, *The Sense of Appropriateness*, p. 240-241, apud, CATTONI DE OLIVEIRA, Marcelo Andrade. *Sobre a teoria da argumentação jurídica de Robert Alexy*, op. cit., p. 75.

O critério de acordo com o qual nós nos orientamos quando sopesamos normas colidentes não pode ter, por sua parte, um conteúdo material predeterminado com o qual se dê prioridade a certos pontos de vista normativos sobre outros. O conceito alexyano de princípios como comandos otimizáveis desde já desperta nossa atenção para o perigo que pode surgir quando, nesse momento, um modelo de valores é projetado numa teoria da estrutura normativa. A decisão acerca da norma adequada é então reduzida a se decidir acerca de um estado de coisas relativamente melhor, o qual é ainda o ótimo numa situação particular. O problema aludido consiste no perigo da já introdução de critérios materiais quando da determinação da estrutura da argumentação, critérios os quais deveriam, eles mesmos, ser sujeitos a uma argumentação de adequabilidade. Um conceito procedimental de adequabilidade, ou uma aplicação procedimental de normas, teria que evitar o uso de tais critérios materiais implícitos. Se adequabilidade consiste em se considerar todos os elementos de uma situação, então o método de consideração não pode ser, por sua parte, determinado por critérios materiais.

Jürgen Habermas[150] também se manifesta em desacordo com a teoria de Robert Alexy, quando diz que

qualquer um que pretenda equacionar a Constituição com uma ordem concreta de valores engana-se quanto ao caráter especificamente jurídico da primeira; os direitos fundamentais, enquanto normas jurídicas, são constituídos, como as normas morais, segundo o modelo das normas de ação obrigatória – e não consoante o dos bens atrativos.

As críticas a posição de Alexy não poderiam ser poucas. A "ponderação de princípios como valores, sob condições de prioridade e do princípio da proporcionalidade (que exige indagar pela adequação, necessidade e estrita proporcionalidade da decisão a valores e finalidade pretensamente compartilhados), submeteria a aplicação das normas a um cálculo do tipo custo/benefício". Para Marcelo Cattoni, "é de se perguntar, desde já, se tal raciocínio de ponderação seria capaz de garantir de modo mais consistente e adequado os direitos fundamentais". Ao que tudo indica, a resposta não poderia ser outra que não fosse a negativa.[151]

O problema assume uma dimensão tal, a ponto de alguns juristas sustentarem que "[...] não há como conceber a hermenêutica constitucional sem o recurso à técnica da ponderação, que permite conciliar os valores constitucionais que se mostrem antagônicos

---

[150] HABERMAS, Jüergen. *Direito e Democracia*: entre faticidade e validade. Rio de Janeiro: Tempo Brasileiro, 1997, p. 256.
[151] CATTONI DE OLIVEIRA, Marcelo Andrade. *Sobre a teoria da argumentação jurídica de Robert Alexy*, op. cit., p. 72.

sem comprometer a noção de unidade da ordem constitucional".[152] Ou seja, tais teses reduzem a hermenêutica[153] à resolução somente dos casos difíceis (*hard cases*), problemática comum a todas as teorias da argumentação. O grande problema é que, para essas teorias, princípios são iguais aos valores, entrando em colisão uns com os outros ao se depararem com casos que não se resolvem por simples subsunção. Isso se torna difícil na medida em que princípios não são valores.

Outros,[154] como Luis Roberto Barroso, acreditam que podem "diminuir sacrifícios" ao trabalharem com a regra da ponderação:

> A ponderação de princípios é uma técnica pela qual o intérprete procura lidar com valores constitucionais que se encontram em linha de colisão. Como não existe um critério abstrato que imponha a supremacia de um sobre o outro, deve-se, à vista do caso concreto, fazer concessões recíprocas, de modo a produzir-se um

---

[152] PEREIRA, Jane Reis Gonçalves; LUCAS DA SILVA, Fernanda Duarte Lopes. A estrutura normativa das normas constitucionais. Notas sobre a distinção entre princípios e regras. In: *Os princípios da Constituição de 1988*. 2. ed. Rio de Janeiro: Lumen Juris, 2006, p. 18

[153] Nesse sentido, devemos entender a hermenêutica filosófica como condição de ser no mundo, onde a interpretação se dará a partir das pré-compreensões inerentes aos aplicadores do direito.

[154] Também, Mariângela Gomes acredita que os princípios constituem mandados (exigências) de otimização, e que "[...] permitem o balanceamento de valores e interesses, considerando seu peso e a ponderação de outros princípios eventualmente conflitantes [...]". E, ainda, "[...] quando um princípio interfere em outro, a solução do conflito deve considerar o peso relativo de cada um. Embora seja certo que, na busca de uma solução, não existe uma resposta exata, e o juízo acerca da maior ou menor importância de um específico princípio é freqüentemente motivo de controvérsia, é parte essencial do conceito de princípio o fato de possuir esta dimensão, de modo que tenha sentido perguntar qual é a sua importância e que peso possui". Além disso, "[...] se verifica que o juízo de proporcionalidade não é um juízo absoluto, como se existisse apenas uma única 'verdade' constitucional, mas que existe, de fato, uma *lógica constitucional*, que é suscetível de ser traduzida numa pluralidade indeterminada de possibilidades 'proporcionais' [...] [isso indica] uma importante característica do referido princípio, qual seja, o fato de obrigar o legislador a ponderar os bens expressos na legislação e se preocupar menos com os resultados desta ponderação. Não quer dizer, contudo, que não sejam importantes tais resultados, mas que dentro de um âmbito relativamente amplo, é possível haver mais de um resultado que atenda aos ditames do princípio da proporcionalidade". (GOMES, Mariângela Gama de Magalhães. *O princípio da proporcionalidade no direito penal*. São Paulo: Revista dos Tribunais, 2003, p. 56 e 209-210).

resultado socialmente desejável, sacrificando o mínimo de cada um dos princípios ou direitos fundamentais em oposição.[155]

Isso seria o mesmo que dizer que o aplicador do direito pode, a partir de sua idéia de "socialmente desejável" ("uma vez que não existe um critério abstrato" – subsidiariedade), escolher quais os princípios constitucionais ele vai ou não excluir da aplicação. Ora, isso é admitir discricionariedades, e o nosso direito, entendido a partir do debate Dworkin – Hart, deve procurar superar a tese de que, nos casos difíceis, o juiz está autorizado a fazer a escolha da melhor resposta.

A idéia de que o legislador dispõe de uma "margem de ponderação", quando se "verifica um empate entre as razões a favor e contra" uma intervenção, ou seja, quando "os benefícios se mostram equivalentes aos prejuízos" para uma decisão envolvendo os direitos fundamentais, é, sem dúvida, dominante na doutrina, a ponto de afirmarem que o legislador é livre para adotar a medida que julgue necessária para resolver o conflito. Assim, corremos o risco de o legislador e o julgador "escolherem" qual o lado da balança está mais inclinado para resolver o caso. Esse lado, no entanto, dependerá do sentido que cada um tem da idéia de Estado, Constituição, democracia, direitos fundamentais, etc.

Álvaro Souza Cruz[156] radicaliza a discussão quando afirma que em sede de controle de constitucionalidade o princípio da proporcionalidade não deveria ser tolerado. Acrescenta o autor mineiro que "a discricionariedade que o mesmo concede ao julgador o transforma inexoravelmente em legislador de segunda instância. Ele autoriza ao judiciário questionar opções éticas, políticas, morais e pragmáticas na escolha de meios e fins definidos no discurso de fundamentação". O certo é que "a concepção do que é 'proporcional' ficará sempre dependente da preferência do juiz que apreciará a causa".

De fato, se o princípio da proporcionalidade for aplicado a partir de uma lógica de "balanceamento de valores", ou seja, de

---

[155] BARROSO, Luis Roberto. A segurança jurídica na era da velocidade e do pragmatismo. In: *Temas de direito constitucional*. Rio de Janeiro: Renovar, 2001, p. 68.

[156] CRUZ, Álvaro Ricardo de Souza. *Hermenêutica Jurídica e(m) debate*, op. cit., p. 112 e 116.

"ponderação de princípios",[157] haverá, sem dúvida, discricionariedades nas decisões. No entanto, se o princípio da proporcionalidade for aplicado como forma de equanimidade nas decisões – como o próprio Habermas admite –, pode ser um componente importante para a resolução de problemas jurídicos. E esse é um ponto de extrema relevância, isto é, a proporcionalidade não é um "problema em si".

A proporcionalidade como a equanimidade de que fala Dworkin[158] – assim admitida por Habermas – recoloca o instituto

---

[157] A melhor crítica à ponderação feita a partir de um caso concreto é trazida por Marcelo Cattoni, refere-se ao HC 82.424-2 do Rio Grande do Sul: "Nesse julgado, vários Ministros, e não somente a maioria vencedora, compreenderam o caso a partir de uma colisão abstrata entre valores, liberdade de expressão contra dignidade da pessoa humana. Assim, procurou-se dar seguimento a esses princípios como valores, hierarquizando-os segundo o entendimento, por um lado, de que se tratava de uma violação à dignidade humana pelo exercício da liberdade de expressão, já que a dignidade seria um valor superior à liberdade e, por outro, de que a condenação por racismo e a conseqüente censura a uma publicação seriam *melhores* à promoção da dignidade humana do que o reconhecimento, *em toda a sua extensão*, da liberdade de expressão. Afinal, ou nós estamos diante de uma conduta ilícita, criminosa, ou do exercício regular, e não abusivo, de um direito. Como é que uma conduta pode ser considerada, ao mesmo tempo, como lícita (o exercício de um direito à liberdade de expressão) e como ilícita (crime de racismo, que viola a dignidade humana), sem quebrar o caráter deontológico, normativo, do Direito, como se houvesse uma conduta meio lícita, meio ilícita? Esse entendimento judicial, que pressupõe a possibilidade de aplicação gradual de normas, ao confundi-las com valores, nega exatamente o caráter obrigatório do Direito [...] A questão, aqui, não deveria ter sido compreendida como uma colisão abstrata entre valores ponderáveis, em que se julga se a liberdade de expressão é melhor ou pior do que, ou para, a promoção da dignidade humana, mas sim julgar se houve, afinal, em face do caso concreto, crime de racismo ou não, à luz das pretensões normativas, defendidas na argumentação sustentada pelos envolvidos, e que poderiam ser reputadas abusivas ou não. E, no caso, é possível chegar à conclusão de que houve racismo sim, sem que para isso tenhamos de renunciar ao caráter normativo, deontológico do Direito: deve-se reconstruir a argumentação apresentada pelas partes. Com isso, podemos afirmar que não se tratava de mera tese histórica revisionista, nem de outra espécie de discriminação, ainda que religiosa, mas da atribuição intolerante, estigmatizada, a todo um *povo*, de uma pretensa natureza corrupta e má a ser combatida". (CATTONI DE OLIVEIRA, Marcelo Andrade. *Sobre a teoria da argumentação jurídica de Robert Alexy*, op. cit., p. 72-73).

[158] Como diz Dworkin, a integridade é diferente da justiça e da equanimidade, mas está ligada a elas da seguinte maneira: a integridade só faz sentido entre pessoas que querem justiça e equanimidade (tratamento igual). A equanimidade relaciona-se com a estrutura correta do funcionamento, a partir do devido processo legal,

no paradigma da intersubjetividade, por retirar-lhe a característica da discricionariedade. Também lhe retira a dependência do sujeito da modernidade. Em outras palavras, proporcionalidade não pode significar "livre escolha" ou "escolhas discricionárias", porque isso pode proporcionar até mesmo o solapamento do texto constitucional (lembremos, como exemplo, a utilização do princípio da proporcionalidade para garantir que um aluno de biologia não necessite lidar com animais ou o seu uso para, sopesando fins e meios, procurar legitimar a utilização de prova ilícita em interceptações telefônicas). O uso adequado da proporcionalidade deve ter o propósito de "recolocar" a integridade eventualmente violada pela legislação ou pela decisão judicial.

Observe-se que a proporcionalidade está ligada a diversos princípios, especialmente aos do devido processo legal, o contraditório e a igualdade. Uma lei ou decisão deixa de ser proporcional quando viola esses princípios. E, ressalte-se: ou a violação se dá porque a lei (ou a decisão) foi além, ou porque ficou aquém da Constituição. Ora, se isso é correto, toda a proporcionalidade ou será pela via da proibição de excesso, ou pela proibição de proteção deficiente.

Face ao exposto, diante do tratamento dado ao princípio da proporcionalidade como um super-princípio, apto ao exercício da discricionariedade, opta-se por colocar as "duas faces" da proporcionalidade diretamente como princípio da proibição de excesso, no seu viés "negativo" e princípio da proibição de proteção deficiente, no seu viés "positivo".

3.3. A proibição de excesso (*Übermassverbot*)

Vimos que, na concepção liberal de Estado, fruto da primeira fase do constitucionalismo do século XIX, o grande objetivo do

---

da supremacia legislativa, da aplicação dos precedentes, enfim, do respeito à integridade e da coerência do direito. Por isso, leis "desproporcionais" ferem a integridade. Dworkin, por vezes, chama a esse fenômeno de "leis de conveniência". Cf. DWORKIN, Ronald. *O Império do Direito*, op. cit., p. 202; 214-215; 228; 314; 483 e seguintes.

direito era atuar de forma a permitir a defesa das garantias fundamentais do indivíduo. Por isso, a noção de bem jurídico carregava o conceito de proteção das liberdades negativas, operando como elemento legitimador da atuação do Estado. Nesse contexto, a defesa do sujeito contra o agir injustificado do Estado era a principal preocupação liberal, cabendo ao direito a função de efetivá-la, protegendo e assegurando o bom desenvolvimento da sociedade civil.

Os direitos fundamentais, destarte, são o núcleo formador da noção de bem jurídico liberal (pertencente à tradição clássica), surgindo como limitadores do poder estatal e representando um constitucionalismo que nessa quadra da história se mostra como um conjunto de restrições em favor do indivíduo. Por essa razão, as primeiras normas relacionadas aos direitos fundamentais são de natureza negativa, impondo uma obrigação de não fazer por parte do Estado e exigindo dele um comportamento omissivo em favor da liberdade individual.

Nas palavras de Winfried Hassemer,[159]

> todo o mandato o prohibición penal es una intromisión en la libertad general de actuación. En un Derecho interventor propio de un Estado de Derecho, dicha injerencia precisa una justificación general y una específica; justificación que se infiere del fundamento y la consideración de los límites de la libertad general de acción. En Derecho penal, un limite – si es que no el limite – de la libertad general de actuación viene dado por la intervención lesiva para un bien jurídico protegido [...]

Inicialmente (e por muito tempo), esse princípio foi visto unicamente como sinônimo de proibição de excesso (hoje esta é somente uma de suas facetas), vindo, justamente, para proteger o indivíduo do Estado "inimigo" – inimigo das liberdades fundamentais –, atuando nas palavras de Ingo Sarlet[160] como "[...] um dos principais limites às limitações dos direitos fundamentais". Para a viabilidade de

> [...] seu dever de proteção, o Estado – por meio de um dos seus órgãos ou agentes – pode acabar por afetar de modo desproporcional um direito fundamental (inclu-

---

[159] HASSEMER, Winfried. ¿*Puede Haber delitos que no afecten a un bien jurídico penal?*, op. cit., p. 99.

[160] SARLET, Ingo Wolfgang. Constituição e proporcionalidade: o direito penal e os direitos fundamentais entre a proibição de excesso e de insuficiência. In: *Revista da AJURIS*. n. 98, Porto Alegre: AJURIS, 2005, p. 131-132.

sive o direito de quem esteja sendo acusado da violação e direitos fundamentais de terceiros). Esta hipótese corresponde às aplicações correntes do princípio da proporcionalidade como critério de controle de constitucionalidade das medidas restritivas de direitos fundamentais que, nesta perspectiva, atuam como direitos de defesa, no sentido de proibições de intervenção (portanto, de direitos subjetivos em sentido negativo, se assim preferirmos).

Destarte, deparamo-nos com um princípio que opera tanto no momento da criação do direito, através do poder legislativo, como no momento de sua aplicação, feita por juízes e tribunais. Nesse sentido, afirma-se que a proibição de excesso pode ter relevância em três formas distintas em ordem de penalização: em primeiro lugar, uma determinada figura delitiva, como tal, em sua extensão, pode afetar a proibição de excesso; em segundo, o marco penal abstrato não está em harmonia com a matéria do injusto delimitada no tipo legal; por último, o excesso pode advir das decisões proferidas pelos aplicadores do direito.[161]

A conexão entre a dogmática penal e o Direito Constitucional, nos dizeres de Hassemer, mostra-se muito oportuna e óbvia nesta quadra da história. No que diz respeito à forma de tratar os problemas do Direito Penal, a Constituição não se ocupa de nada que já não fosse discutido nas tradicionais escolas penais: os limites aos quais deve se submeter o Estado que exerce o poder punitivo no interesse da proteção dos direitos humanos de todos os participantes em um conflito penal.[162]

Conforme isso, segue o autor, é a Constituição que impõe os limites para a intervenção penal na luta contra o delito, devendo o Estado respeitá-los ao exercer seu poder punitivo. Assim, as limitações do Direito Penal provenientes da tradição da Teoria do Direito Penal, por um lado, e as limitações das intromissões penais impostas pela Constituição, por outro, procedem, em última instância, da mesma fonte: uma fundamentação do Direito Penal e da pena baseada nos direitos fundamentais.[163]

---

[161] CORREA, Teresa Aguado. *El principio de proporcionalidad en derecho penal*, op. cit., p. 114.

[162] HASSEMER, Winfried. *¿Puede Haber delitos que no afecten a un bien jurídico penal?*, op. cit., p. 96-97.

[163] Idem, ibidem, p. 97.

É aí que chegamos ao ponto em que o bem jurídico se encaixa. Sua proteção tem origem em um princípio negativo, limitador do Direito Penal, em que não está contida a obrigação de criminalizar toda a conduta que lesione um bem jurídico, mas, sim, busca extrair da lei toda a cominação penal que não diga respeito a colocar em perigo um bem jurídico. Sem dúvida, essa idéia diz respeito diretamente com a noção de direitos fundamentais, pois estes funcionariam como direitos de defesa.[164]

O núcleo de justificação de uma proibição de ação penal por parte do Estado está justamente no conceito que este tem de bem jurídico. Além disso, a hierarquia concebida na formação da idéia de bem jurídico (a partir da noção de direitos fundamentais) será responsável por fixar a medida de proporcionalidade adotada na intervenção penal: de um lado a proibição de ação e ameaça penal e, do outro, a ameaça penal e o ataque.[165] Portanto, o valor de um bem jurídico contribuirá diretamente para a determinação dos limites de legitimação da intervenção Estatal na liberdade de atuação da sociedade.

Para a teoria garantista tradicional, o poder punitivo vem limitado pelo critério que busca a intervenção mínima e, a partir disso, uma máxima proteção das liberdades, entendida aqui em um sentido da proteção dos bens jurídicos do cidadão. Por isso, só se pode restringir a liberdade do indivíduo, proibindo determinadas condutas, quando esta transcenda para a liberdade dos demais cidadãos.[166]

Por isso, uma visão do garantismo somente em sua face negativa, como a de Mariângela Gomes[167] significa que

> [...] para que as possibilidades de intervenção estatal na esfera de liberdade dos indivíduos restem efetivamente limitadas, não basta a existência de limites apenas formais, mas impõe-se uma garantia material perante o risco de que a maioria parlamentar escolha criminalizar de forma antiliberal. É neste sentido, então, que o princípio da proporcionalidade assume especial papel de garantia, de caráter

---

[164] HASSEMER, Winfried. ¿Puede Haber delitos que no afecten a un bien jurídico penal?, op. cit., p. 98.
[165] Idem, ibidem, p. 99.
[166] MATEU, Juan Carlos Carbonell. Derecho penal, op. cit., p. 33.
[167] GOMES, Mariângela Gama de Magalhães. O princípio da proporcionalidade no direito penal, op. cit., p. 74-75.

negativo, cumprindo a finalidade de frear a degeneração do poder punitivo, impedindo-o de expandir-se ilimitadamente.

No entanto, tal posicionamento somente se preocupa com criminalizações desproporcionais – ou desproporcionadas – nada referindo em relação a descriminalizações infundadas e inconstitucionais, ou seja, àquelas que deixariam sem a devida proteção bens jurídicos que a Constituição se propôs a proteger.

É, no fundo, a definição de Luigi Ferrajoli,[168]

> garantismo, en efecto, significa precisamente tutela de aquellos valores o derechos fundamentales cuya satisfacción, aun contra los intereses de la mayoría, es el fin justificador del derecho penal: la inmunidad de los ciudadanos contra la arbitrariedad de las prohibiciones y de los castigos, la defensa de los débiles mediante reglas del juego iguales para todos, la dignidad de la persona del imputado y por consiguiente la garantía de su libertad mediante el respeto también de su verdad. Es precisamente la garantía de estos derechos fundamentales la que hace aceptable para todos, incluida la minoría de los reos y los imputados, al derecho penal y al mismo principio mayoritario.

Resta registrar, nesta quadra da história, que é até mesmo desnecessário falar, ou defender, essa forma de garantismo (negativo). Afinal, trata-se da maior garantia que o Direito Penal estabeleceu a partir do iluminismo. Era essa a preocupação do iluminismo: coibir excessos do "principal inimigo", o Estado, circunstância que se colocava na contraposição Estado-Sociedade civil. A evolução do Estado aponta, passados dois séculos, para um novo perfil desse ente que paradoxalmente "precisa" nascer absolutista para dialeticamente chegar ao seu ponto culminante, quando agrega as concepções que exatamente surgem a partir da ruptura com essa forma fundante (absolutista).

3.4. A proibição de proteção deficiente (*Untermassverbot*)

Passados dois séculos, é possível dizer que a visão de cunho liberal deixou de lado aquilo que se pode chamar de proteção positiva dos direitos fundamentais por meio do Direito Penal, preocupação típica do Estado Democrático de Direito. Em outras palavras,

---
[168] FERRAJOLI, Luigi. *Direito e razão*, op. cit., p. 335-336.

o Direito Penal e os penalistas, em sua parcela considerável, deixaram de lado a relevante circunstância de que o Estado pode ser protetor dos direitos fundamentais. Nesse sentido, "pode" deve ser entendido como deve, mormente a partir de uma perspectiva compromissória e dirigente assumida pela Constituição do Brasil.

Assim, o Estado também poderá deixar de proteger direitos fundamentais, atuando de modo deficiente/insuficiente, ou seja, deixando de atuar e proteger direitos mínimos assegurados pela Constituição. A partir disso, vislumbra-se o outro lado da proteção estatal, o da proibição de proteção deficiente (ou insuficiente), chamada no direito Alemão de *Untermassverbot*.

Como bem lembrou Alessandro Baratta,

> ampliar la perspectiva del derecho penal de la Constitución en la perspectiva de una política integral de protección de los derechos, *significa también definir el garantismo no solamente no sentido negativo, como limite del sistema punitivo, o sea, como expresión de los derechos de protección respecto del Estado, sino también y sobre todo, como garantismo positivo*. Esto significa la respuesta a las necesidades de seguridad de todos los derechos; también, de los de prestación por parte del Estado (derechos económicos, sociales y culturales) y no sólo de aquella pequeña, pero importante parte de ellos, que podríamos denominar de *derechos de prestación de protección*, en particular contra agresiones provenientes de comportamientos delictuosos de determinadas personas.[169] (grifo nosso)

Portanto, o Estado Democrático de Direito não exige mais somente uma garantia de defesa dos direitos e liberdades fundamentais contra o Estado, mas, também, uma defesa contra qualquer poder social de fato![170]

Estamos falando, então, nas palavras de Dieter Grimm, da proibição de "ir longe demais" (*Übermassverbot*), em contraponto com a proibição de "fazer muito pouco" (*Untermassverbot*), ambos mecanismos semelhantes, porém, vistos de ângulos diferentes. Daí que "quando um direito é invocado como direito negativo a questão é saber se o legislador foi longe demais. Quando é invocado como direito positivo ou dever de proteção (*Schutzpflicht*) a questão é saber se ele fez muito pouco para proteger o direito ameaça-

---

[169] BARATTA, Alessandro. *Criminología y sistema penal*. Argentina: editora IBdeF, 2004, p. 191-192.
[170] BAPTISTA MACHADO, João. *Introdução ao direito e ao discurso legitimador*. Coimbra: Coimbra Editora, 1988.

do". Assim, só haverá a possibilidade de se reconhecer a proibição de proteção deficiente quando se estiver face a um dever de proteção,[171] isto é, para explicar melhor, a *Untermassverbot* tem como condição de possibilidade o *Schutzpflicht*.[172]

A idéia de *Übermassverbot* sugere a existência de uma escala de intensidades de possibilidade de intervenção por parte do Estado. Haveria, pois, um certo limite de intensidade, o qual não poderia ser ultrapassado, sob pena de ferir frontalmente a Constituição. *Mutatis, mutandis*, é o que se pode chamar de "o papel tradicional do Direito Penal", significando que o papel que o Estado deve ter em relação ao indivíduo é o de colocar a favor deste todos os mecanismos para evitar arbitrariedades advindas dele – Estado – e dos particulares. É, pois, o garantismo negativo, ou seja, se os direitos fundamentais são os principais ancoradouros das promessas modernas, estes devem ser vistos sob dois ângulos: proteção negativa e prestação por parte do Estado.

Dizendo de outro modo, enquanto os penalistas ligados à teoria garantista clássica liberal-iluminista se seguram no princípio da

---

[171] Nesse mesmo sentido ver SARLET, Ingo Wolfgang "Partindo-se de possível [...] distinção entre uma dimensão negativa e positiva dos direitos fundamentais, convém lembrar que, na sua função como direitos de defesa os direitos fundamentais constituem limites (negativos) à atuação do Poder Público, impedindo, por exemplo, ingerências indevidas na esfera dos bens jurídicos fundamentais, ao passo que, atuando na sua função de deveres de proteção (imperativos de tutela), as normas de direitos fundamentais implicam – em primeira linha – deveres de atuação positiva do Estado, notadamente, obrigando-o a intervir (preventiva ou repressivamente) inclusive quando se tratar de agressão oriunda de outros particulares. Tal dever de proteção – para além de expressamente previsto em alguns preceitos constitucionais – pode ser também reconduzido ao princípio do Estado de direito, na medida em que o Estado é detentor do monopólio, tanto da aplicação da força, quanto no âmbito da solução dos litígios entre os particulares, que (salvo em hipóteses excepcionais, como a legítima defesa), não podem valer-se da força para impedir e, especialmente, corrigir agressões oriundas de outros particulares". (SARLET, Ingo Wolfgang. Direitos Fundamentais e proporcionalidade: notas a respeito dos limites e possibilidades da aplicação das categorias da proibição de excesso e de insuficiência em matéria criminal. In: *Revista da Ajuris*, ano XXXV, n. 109, Porto Alegre, mai. 2008, p. 145).

[172] GRIMM, Dieter. A função protetiva do Estado. In: SOUZA NETO, Cláudio Pereira de; SARMENTO, Daniel (Orgs.) *A Constitucionalização do Direito: fundamentos teóricos e aplicações específicas*. Tradução de Eduardo Mendonça. Rio de Janeiro: Lumen Juris, 2007, p. 162.

proibição de excesso (*Übermassverbot*), os "garantistas positivos"[173] sustentam que existe um espécie de lado "B" da proporcionalidade – para utilizar a terminologia tradicional – , que é o princípio da proibição de proteção deficiente (*Untermassverbot*). Neste momento, não estamos mais tratando com o modelo clássico de proibição, mormente porque este contradiz a função tradicional dos direitos fundamentais: direitos unicamente de defesa. A nova fase assumida pelo Estado Democrático de Direito implicou um novo processo de proteção dos direitos, agora inseridos em um contexto de complexidade social, surgido no decorrer do século XX.

Para uma melhor compreensão do viés positivo do princípio da proporcionalidade, é mister partimos de uma visão histórica européia que nos permitirá fazer uma breve análise da origem dos direitos fundamentais como direitos de prestação.

Foi editada na Alemanha, ao final da Segunda Guerra Mundial, a Declaração de Direitos, cujo texto fora moldado à maneira típica da visão de cunho liberal – idéia incorporada a partir da Revolução Francesa em 1789 –, ou seja, não permitindo discernir nenhuma intenção clara de acrescentar uma função positiva à tradicional função de defesa dos direitos fundamentais.

Na França, a Revolução Francesa buscava a criação de uma nova ordem social e legal, a partir da derrubada do governo monárquico, pois a única saída para a transformação social era a mudança política. A França pré-revolução era caracterizada por uma economia regulada, tendo na figura do monarca absolutista o controlador da vida em sociedade, de acordo com sua visão do que seria o bem comum.

A Revolução pretendeu modificar a estrutura social, buscando uma ordem legal baseada em princípios de igualdade, liberdade e fraternidade. Acontece que, em vez de mudar o sistema legal imediatamente, pois, segundo a maioria dos parlamentares

---

[173] Desde logo deve ser feito o registro de que qualquer defesa de um "garantismo positivo" tem uma limitação específica, nos moldes trabalhados nestas reflexões. Rejeitamos, a toda evidência, qualquer tentativa do uso deste "lado B" da proporcionalidade para sonegar direitos fundamentais, como, por exemplo, a aceitação de prova ilícita sob o argumento do "interesse da comunidade, etc.", ou, ainda, a decretação da prisão preventiva baseada nos fins e meios (por exemplo, clamor público, necessidade social, etc.). Qualquer destas hipóteses negaria o próprio dever de proteção do Estado, isto é, para proteger, o Estado não pode se tornar arbitrário.

uma mudança legal e social necessitaria de um longo e complexo período, bem como linhas condutoras e princípios para guiá-las, a Assembléia Nacional decidiu criar a Declaração dos Direitos do Homem e do Cidadão. Na Declaração, os direitos fundamentais eram dirigidos ao legislador e, por terem sido instituídos durante um período em que o antigo sistema legal ainda existia, eles não poderiam operar exclusivamente como direitos negativos. Assim, a primeira função da Declaração de Direitos foi guiar o legislador na adaptação do sistema legal aos novos princípios. Entretanto, apenas depois de esses princípios estarem enraizados, é que os direitos puderam atuar de uma forma negativa (proteção dos indivíduos contra o Estado).[174]

A Alemanha diferiu da França pela ausência de uma revolução liberal, pois a revolução de 1848, voltada à criação de uma Alemanha unificada e liberal, falhou. A monarquia se fez presente na Alemanha ao longo do século XIX, sendo responsável pela definição da estrutura e desenvolvimento da sociedade. No entanto, os monarcas alemães, em sua maioria, adotaram constituições no começo do século XIX, pois viram nisso uma forma de autopreservação em uma era de crescentes mudanças políticas e sociais. É claro que tais constituições não produziam grandes efeitos políticos, já que os monarcas eram os próprios mandatários, mas, mesmo assim, continham uma Declaração de Direitos (impostos pelos monarcas, é claro!). Pela ausência de supremacia, acabaram por se tornar somente promessas de mudanças. Entretanto, isso não impediu que os liberais constitucionalistas passassem a interpretar os direitos fundamentais como obrigações impostas ao legislador de adaptar o sistema de acordo com a Constituição. É verdade que a maior parte das tentativas não obtiveram êxitos, uma vez que a legislação exigia o consentimento do parlamento (não-eleito) e dos monarcas. Em que pese isso, foi uma forma de manter viva, durante o século XIX, a idéia de direitos fundamentais como obrigações de prestações positivas por parte do Estado.[175]

Em 1918, após o fim da monarquia na Alemanha, a Assembléia Nacional (agora composta, em sua maioria, dos partidos de oposição ao Império) adicionou ao clássico conteúdo dos direitos

---
[174] GRIMM, Dieter. *A função protetiva do Estado*, op. cit., p. 151-152.
[175] Idem, ibidem, p. 152-153.

fundamentais, direitos econômicos e sociais, mostrando, mais uma vez, que os direitos fundamentais não são somente direitos negativos, pois para concretizá-los seria necessária uma efetiva intervenção legislativa.[176]

Os contextos históricos pelos quais passaram os países europeus foram de grande monta para o desenvolvimento dessa nova visão dos direitos fundamentais. A partir daí, o Direito Constitucional Alemão e, posteriormente, outros sistemas estrangeiros, passaram a adotar – mesmo que implicitamente – a idéia de direitos prestacionais por parte do Estado. Para ilustrar, nota-se que a *Grundgesetz* (Lei Fundamental) inicia em seu artigo 1 declarando que o Estado deve não apenas respeitar, mas também proteger a dignidade da pessoa humana. Além disso, declara que todas as garantias expostas na declaração de Direitos são normas aplicáveis e vinculantes para todos os ramos do governo, e nisso podemos incluir, sem maiores problemas, o legislador.[177]

Pode-se concluir, então, que o desenvolvimento dos direitos fundamentais como direitos de necessária e obrigatória proteção sugeriram como um desdobramento na concepção da noção de proporcionalidade: a *infraproteção* passaria a ser também objeto de inconstitucionalidade.

Isso quer dizer que, nesse novo paradigma, o legislador está obrigado pela Constituição a agir em determinadas situações, protegendo determinados interesses. Embora busque a efetivação de direitos fundamentais, essa nova concepção de proteção positiva não está livre de críticas, uma vez que permite mandados de criminalização, como os formulados pelas históricas decisões do Tribunal Constitucional Federal Alemão.

A discussão a respeito de obrigações constitucionais implícitas de penalização, como forma de salvaguardar direitos fundamentais, foi feita pela primeira vez pelo Tribunal Constitucional Alemão, em 25 de fevereiro de 1975, que decidiu pela inconstitucionalidade da Lei de Reforma do Código Penal (BverfGE 39, 1),[178]

---

[176] GRIMM, Dieter. *A função protetiva do Estado*, op. cit., p. 154.

[177] Idem, ibidem, p. 154.

[178] "Por meio da 5ª Lei de Reforma do Direito Penal (5. StrRG), de 18 de junho de 1974 (BGBl. I, p. 1297), a criminalização do aborto foi novamente regulamentada. Até então, a provocação da morte do nascituro era uma ação tipificada criminal-

no que concerne, especificamente, à possibilidade de interrupção da gravidez dentro dos três primeiros meses de gestação.

A decisão trouxe à lume a estreita relação entre o princípio da proporcionalidade e a obrigatoriedade de proteção dos direitos fundamentais por parte do Estado (neste momento, ainda não se falava em proibição de proteção deficiente). No caso em questão, decidiu o Tribunal acerca da necessidade de se conferir proteção penal à vida intra-uterina como bem jurídico independente. Isso porque, "o dever de proteção do Estado é abrangente. Ele não só proíbe – evidentemente – intervenções diretas do Estado na vida em desenvolvimento, como também ordena ao Estado posicionar-se de maneira protetora e incentivadora diante dessa vida, isto é,

---

mente, em termos genéricos. Exceções como causas excludentes da ilicitude só eram reconhecidas segundo os princípios do estado de necessidade (supra positivo). A nova redação do § 218 até 200 StGB pela 5ª Lei de Reforma trouxe principalmente as seguintes inovações: sujeito por princípio à pena passou a ser somente quem interrompeu a gravidez (aborto) depois do 13º dia após a concepção (§ 218 I). Todavia, o aborto praticado por um médico com a concordância da grávida não era punível segundo o § 218, desde que não tivessem passado doze semanas desde a concepção (§ 218a – Regra do prazo). Além disso, o aborto perpetrado por médico com anuência da grávida depois de transcorrido o prazo de dose semanas não seria punido segundo o § 218, quando se fosse indicado, segundo os reconhecimentos das ciências medicinais, para se evitar um perigo para a vida da grávida ou um comprometimento sério do seu estado de saúde, desde que este não pudesse de forma exigível da mulher ser evitado de outra forma (§ 218b – indicação médica), ou porque houvesse sérias razões para crer que o filho, por causa de uma disposição genética ou de influencias danosas antes do nascimento, sofreria de uma deficiência insanável de seu estado de saúde, que fossem tão graves, de tal sorte que não se pudesse mais exigir da mulher o prosseguimento da gravidez, desde que após a concepção não tivessem passado mais do que 22 semanas (§ 218, nº 2 – indicação eugênica). Aquele que praticava o aborto sem que a grávida tivesse se consultado antes junto a uma repartição pública de consultoria (ou aconselhamento) ou tivesse se consultado (aconselhado) social e medicinalmente junto a um médico, era punido com sanção penal (§ 218c). Igualmente sancionada criminalmente era a conduta de quem, depois de transcorrido 12 semanas desde a concepção, interrompesse uma gravidez sem que o órgão administrativo competente tivesse antes confirmado que os pressupostos da indicação médica ou eugênica estivessem presentes. A mulher mesma não era punida. O controle normativo abstrato proposto por 193 membros da Câmara federal e por alguns governos estaduais contra a assim chamada 'solução do prazo' (*Fristenlösung*), levou o TCF a declarar o § 218a StGB em sua essência como nulo, ordenando, até o início da vigência de uma nova regulamentação legal, determinadas formas de uma regulamentação da indicação (em aplicação do § 35 BverfGG)." (MARTINS, Leonardo (org.). *Cinqüenta Anos de Jurisprudência do Tribunal Constitucional Federal Alemão*, op. cit., p. 266-267).

antes de tudo, protegê-la de intervenções ilícitas provenientes de terceiros (particulares) [...]".[179]

Assim,

> o cumprimento do dever de proteção do Estado deve ser tão mais conseqüentemente perseguido quanto mais elevado for o grau hierárquico do bem jurídico em questão dentro da ordem axiológica da *Grundgesetz* [Lei fundamental]. Dispensando maiores fundamentações, a vida humana representa um valor supremo dentro da ordem da *Grundgesetz*; é a base vital da dignidade humana e o pressuposto de todos os demais direitos fundamentais.[180]

Além disso, a vida do nascituro tem prevalência durante toda a gestação sobre o direito de autodeterminação da gestante, não podendo ser relativizada por um prazo determinado, ou seja, 3 meses após a concepção (como se a vida surgida antes desse tempo não merecesse guarida constitucional). Como o nascituro é um ser humano independente, que está sob proteção constitucional, o aborto passa a ter uma dimensão social, que o torna acessível para a regulamentação pelo Estado.[181]

A Corte referiu que "não é possível uma equalização que garanta a proteção da vida do nascituro e a liberdade da gestante de praticar o aborto, visto que este sempre significa a aniquilação da vida intra-uterina. Na ponderação, por isso mesmo necessária, 'os dois valores constitucionais devem ser vistos como ponto central do sistema de valores da constituição em sua relação com a dignidade humana'".[182]

Embora a decisão faça referência à ponderação, e resguardadas todas as críticas já feitas a esse respeito, esta acaba por encontrar a resposta correta[183] para esse caso: a proteção à vida humana. Outra que fosse a decisão, sem dúvida, deixaria sem proteção o bem jurídico fundamental que é a vida.

---

[179] MARTINS, Leonardo (org.). *Cinqüenta Anos de Jurisprudência do Tribunal Constitucional Federal Alemão*, op. cit., p. 269.

[180] Idem, ibidem, p. 269.

[181] Idem, ibidem, p. 269.

[182] Idem, ibidem, p. 270.

[183] Sobre a tese da resposta correta ver STRECK, Lenio Luiz. *Verdade e Consenso*, op. cit. e sobre a tese da única resposta correta ver DWORKIN, Ronald. *O império do Direito*, op. cit. e ARANGO, Rodolfo. *Hay respuestas correctas en derecho?* Bogotá: Siglo del Hombre, 1999.

Se o Estado é obrigado, por meio de uma norma fundamental que encerra uma decisão axiológica, a proteger eficientemente um bem jurídico especialmente importante também contra ataques de terceiros, freqüentemente serão inevitáveis medidas com as quais as áreas de liberdade de outros detentores de direitos fundamentais serão atingidas.[184]

Seguiu-se a essa uma segunda decisão (BverfGE 88, 203)[185] na qual o Tribunal Constitucional Federal Alemão reconhece digni-

[184] MARTINS, Leonardo (Org). *Cinqüenta Anos de Jurisprudência do Tribunal Constitucional Federal Alemão*, op. cit., p. 271.

[185] "Depois que o TCF, na primeira decisão (Urteil) sobre o aborto de 25 de fevereiro de 1975, declarou as novas regras sobre o aborto em parte nulas, a Câmara Federal promulgou a 15ª Lei de Mudança do Direito Penal (15. StÄG), de 18 de maio de 1976, e com ela a assim chamada regra da indicação válida até 1992. Esta previa, entre outros, o não sancionamento penal de um aborto realizado dentro do prazo de doze semanas contados a partir da concepção também no caso de um estado geral de necessidade da mulher (§ 218a II, nº StGB na redação da 15. StÄG). Por meio da Lei Complementar de reforma do direito Penal (StREG), de 18 de agosto de 1987, determinou-se que o seguro legal obrigatório de saúde (sistema público de saúde) devia assumir os custos de um aborto lícito (§§ 200f, 200g, RVO na redação da StREG). Incluídos nesta regra estavam também os abortos indicados por estado geral de necessidade (financeira). O governo da Baviera impugnou, no ano de 1990, pela via do controle abstrato de normas, os dispositivos mencionados, no ponto em que eles se referiam aos abortos baseados em uma indicação por estado geral de necessidade, principalmente quando previam o pagamento das despesas hospitalares para aqueles. Depois da reunificação alemã ocorrida em 3 de outubro de 1990, o Contrato Estadual da Reunificação deixou, em um primeiro momento, até o final de 1992, valer duas disciplinas jurídicas em relação ao aborto, vigentes respectivamente em cada metade da Alemanha. No território da antiga RDA continuou primeiramente vigente a regra do prazo lá vigente desde 1972, segundo a qual um aborto praticado nas primeiras doze semanas de gestação em regra não era sancionado penalmente, equiparando-o para efeitos previdenciários até mesmo a um caso de doença. De acordo com a prescrição do Contrato da reunificação, de criar, até o final do prazo de transição uma disciplina jurídica unificada para o direito de aborto, a Câmara Federal promulgou a Lei de Ajuda Familiar e à Gestante – SFHG de 27 de julho de 1992. Ao lado de um feixe de medidas normativas sobre aconselhamento, esclarecimento e apoio social-previdenciário, que deviam facilitar o prosseguimento da gravidez e prover condições para o nascimento do filho, a SFHG previa também uma nova regulamentação do sancionamento penal do aborto. Segundo esta, um aborto realizado dentro das primeiras doze semanas da gestação não era antijurídico e com isso também não punível, se a grávida pudesse provar que tinha sido aconselhada por órgão criado para esse fim ou também legalmente reconhecido e autorizado para essa tarefa (§ 219 StGB na redação da SFHG – *aconselhamento em uma situação de conflito ou de necessidade*), e que a intervenção fora realizada por um médico. Ma indicação específica não era necessária neste caso. No § 24b SGB V foi criada uma regra que se coadunava substancialmente com

dade superior a uma figura jurídica estritamente relacionada aos direitos fundamentais: a proibição de proteção deficiente, ou, no termo alemão, *Untermassverbot*. Foi a partir desse momento que os juízes do Tribunal de Karlsruhe estabeleceram que o legislador, por força constitucional, estaria obrigado e vinculado a aplicar a proibição de proteção deficiente como forma de efetivar e cumprir os deveres de tutela dos direitos fundamentais.

> A *Grundgesetz* obriga o Estado a proteger a vida humana. A vida na fase intra-uterina também faz parte da vida humana. Também a ela cabe a proteção do Estado. A Constituição não só proíbe intervenções estatais diretas na vida intra-uterina, mas determina que *o Estado tenha uma postura de proteção e de incentivo perante essa vida*, ou seja, sobretudo, protegendo-a também contra intervenções ilícitas de terceiros [...] A Constituição fixa a proteção como meta, não detalhando, porém, sua configuração. *No entanto, o legislador deve observar a proibição de insuficiência* [...] até aqui ele está sujeito ao controle jurisdicional constitucional (pelo TCF) [...] *As medidas tomadas pelo legislador devem ser suficientes para uma proteção adequada e eficiente* [...] A medida de proteção ordenada constitucionalmente segundo o supra verificado independe do tempo de gestação. A *Grundgesetz* não contem escalonamentos do direito à vida e de sua proteção em face da vida intra-uterina, a serem fixados de acordo com determinados prazos e seguindo o processo de desenvolvimento da gravidez. *Para que a proibição de proteção insuficiente não seja violada, a conformação da proteção pelo ordenamento jurídico deve corresponder a exigências mínimas.* Do rol de exigências mínimas faz parte enxergar o aborto por princípio como não-direito durante toda a gravidez e, conseqüentemente, proibi-lo na forma da lei [...] Uma tal desistência da proteção da vida intra-uterina também não pode ser exigida sob a alegação

---

a situação jurídica até então vigente (§§ 200f, 200g EVO), que garantia um direito a beneficiários do seguro estatal de saúde para abortos não antijurídicos. 249 membros da Câmara Federal e de novo o governo da Baviera propuseram o controle abstrato de normas contra as regras supra mencionadas da SFHG. O TCF declarou nulo, entre outros, o § 218a I StGB na redação da SFHG, no ponto em que o dispositivo qualifica como não antijurídico o aborto não indicado por estado de necessidade depois de um aconselhamento segundo o § 219 StGB na redação da SFHG. O § 219 StGB foi igualmente declarado nulo, porque o aconselhamento lá previsto não perseguia suficientemente o objetivo de encorajar a mulher para o prosseguimento da gravidez. O TCF considerou a regulamentação anterior e a nova regulamentação do pagamento pelo sistema público de saúde de abortos constitucional tão somente dentro dos parâmetros de fundamentação da decisão que excluía por princípio a possibilidade do pagamento estatal de abortos antijurídicos. Ao mesmo tempo, o TCF fixou, segundo o § 35 BverFGG, uma espécie de ordens transitórias para o tempo até a entrada em vigor da nova regulamentação legal, principalmente em face da configuração do procedimento do aconselhamento e do reconhecimento de locais (*Beratungsstellen*) onde ele se daria." (MARTINS, Leonardo (Org). *Cinqüenta Anos de Jurisprudência do Tribunal Constitucional Federal Alemão*, op. cit., p. 273-275).

de que a dignidade humana da mulher e sua capacidade de tomar uma decisão responsável estaria em jogo. (grifo nosso)

Embora o Tribunal Constitucional Federal Alemão diga que "cabe ao legislador uma margem [discricionária] para a valoração e conformação também quando ele é constitucionalmente obrigado a tomar medidas eficazes e suficientes para a proteção de um bem jurídico"[186], ele nada mais fez do que proteger adequadamente o bem jurídico "vida" que, diante da situação que se colocava à época, carecia de proteção efetiva por parte do Estado. Se outra fosse a decisão da Suprema Corte, estaríamos diante de uma inconstitucionalidade por falta de proteção de um direito fundamental.

A proibição de proteção deficiente permite ao jurista, então, verificar se um ato (ação ou omissão) do Estado viola um direito fundamental (de modo que se uma lei viesse a descriminalizar o crime de estupro, ela não seria constitucionalmente válida, uma vez que feriria frontalmente o princípio da dignidade da pessoa humana), pois todos os atos estatais têm um dever de atuação ativa em prol dos direitos constitucionalmente resguardados.

Pelos alemães, esse dever de proteção ativa é também chamado de *Schutzpflicht*. Para entendermos melhor essa questão, cabe retomarmos o caso Lüth. Nesse célebre problema levado à Corte Constitucional Alemã, havia duas posições antagônicas: Lüth invocava o direito constitucional à liberdade de expressão garantido no artigo 5 da *Grundgesetz*; as companhias cinematográficas, por seu turno, argumentavam que os direitos fundamentais eram aplicáveis somente nas relações entre Estado e indivíduo (relação vertical) e não nas relações privadas (relação horizontal). Para responder a essa proposição, o Tribunal começou por afirmar que os direitos fundamentais não são apenas direitos subjetivos do indivíduo contra o Estado, mas também valores objetivos (imperativos de tutela) – não limitados à esfera do direito público, mas atendendo a todos os campos do direito. A partir dessa argumentação, acabou reconhecendo a possibilidade de aplicação horizontal dos direitos fundamentais.[187]

---

[186] MARTINS, Leonardo (Org). *Cinqüenta Anos de Jurisprudência do Tribunal Constitucional Federal Alemão*, op. cit., p. 285.

[187] GRIMM, Dieter. *A função protetiva do Estado*, op. cit., p. 156.

A partir do caso Lüth e, principalmente, das decisões sobre o aborto – já que de uma maneira explícita o *Schutzpflicht* passou a ser reconhecido como "o outro lado" dos direitos fundamentais e deixou para trás a idéia de ser, somente, um efeito destes – Grimm explica que "enquanto os direitos fundamentais como direitos negativos protegem a liberdade individual contra o Estado, o dever de proteção derivado desses direitos destina-se a proteger indivíduos contra ameaças e riscos provenientes não do Estado, mas sim de atores privados, forças sociais ou mesmo desenvolvimentos sociais controláveis pela ação estatal". Ele afirma que hoje, na Alemanha, os deveres de proteção são considerados a contraparte da função negativa dos direitos fundamentais.[188]

É importante mencionar que o *Schutzpflicht* não alterou o destinatário dos direitos fundamentais; ele continua a obrigar o Estado, e só ele. Por isso, não podemos dizer que o dever de proteção é idêntico à aplicação horizontal dos direitos fundamentais, ele somente permite uma interpretação mais abrangente desta. Assim, o Estado está obrigado não apenas a se abster de certas ações opostas aos direitos fundamentais, mas também a agir quando os bens jurídicos protegidos pelos direitos fundamentais estiverem ameaçados por entes privados.[189]

Mijail Mendoza Escalante[190] assinala muito bem esse dever de proteção do Estado quando diz que

> Los poderes públicos, en general, tienen un deber de protección de los derechos fundamentales de la persona. Tal deber de protección exige la actuación positiva de aquéllos. Tratándose de órganos jurisdiccionales y órganos administrativos, *tal función comprende todas aquellas actuaciones positivas que la Constitución o las leyes le atribuyen para la protección de los derechos fundamentales, tanto frente a actos del propio Estado como respecto a los provenientes de particulares.* En consecuencia, si un órgano jurisdiccional o administrativo omite el cumplimiento de la actuación positiva destinada a la protección de derechos fundamentales de la persona frente a actos del propio Estado o de particulares, él habrá incurrido en la omisión de su deber de protección de derechos fundamentales y, en

---

[188] GRIMM, Dieter. *A função protetiva do Estado*, op. cit., p.156.

[189] Idem, ibidem, p. 160.

[190] ESCALANTE, Mijail Mendoza. Tribunal Constitucional y control material de resoluciones judiciales. In: *Gaceta del Tribunal Constitucional*. n° 4. out-dez de 2006. Disponível em <http://gaceta.tc.gob.pe/img_upload/e9cd369e9802640e14ca53f5a13e1a36/Mijail_Mendoza_6.pdf> acesso em 09 jul. 2008.

> consecuencia, los habrá afectado. Como se aprecia, la lesión de derechos fundamentales del órgano jurisdiccional o administrativo tiene lugar aquí, no como consecuencia de una acción, sino de la "omisión" de una actuación positiva. *Los derechos constitucionales detentan una doble naturaleza, por un lado, constituyen derechos subjetivos de la persona y, por otro, representan principios objetivos del ordenamiento que vinculan todo acto del Poder Público. De esta faz objetiva de los derechos constitucionales se deriva la existencia de tal "deber de protección" del Estado. Es decir, en tanto los derechos como principios objetivos vinculan todo los actos del Estado, significa ello que la legislación, la administración y los jueces deben otorgar dicha protección a los derechos constitucionales, en el ejercicio de sus respectivas funciones.* En consecuencia, si en el ejercicio de sus respectivas funciones, el legislador, la administración o el juez, han omitido el cumplimiento de este "deber de protección", constituye ello en sí mismo una lesión o afectación de los derechos constitucionales. (grifo nosso)

Isso significa, antes de mais nada, "[...] que o Estado encontra-se em uma dupla posição em face aos direitos fundamentais. De um lado, possuindo o monopólio da força legítima, o Estado é considerado um inimigo em potencial dos direitos fundamentais". Sob outra perspectiva, "devemos sua existência ao fato de que a vida, a liberdade e a propriedade são constantemente ameaçadas e devem ser asseguradas por uma autoridade pública poderosa, o Estado é amigo dos direitos fundamentais", sendo que o principal caminho para essa função é através da legislação.[191]

Agora fica claro que, em um sistema constitucional como o nosso – que reconhece o dever de proteção (*Schutzpflicht*) –, o legislador não dispõe de uma liberdade de conformação para decidir sobre quais normas quer ou não editar. Ele está, sim, vinculado às duas faces de proporcionalidade, responsáveis por salvaguardar (respeitando e protegendo) os direitos fundamentais.

Para Bernal Pulido,[192] "a proibição de proteção deficiente pode definir-se como um critério estrutural para a determinação dos direitos fundamentais, com cuja aplicação pode determinar-se se um ato estatal – por autonomásia, uma omissão – viola um direito fundamental de proteção".

Essa nova face do Estado e do Direito decorre também – e fundamentalmente – do fato de que a Constituição, na era do Estado Democrático de Direito (e Social), também apresenta uma dupla

---

[191] GRIMM, Dieter. *A função protetiva do Estado*, op. cit., p. 160.

[192] PULIDO, Carlos Bernal. *El principio de proporcionalidad y los derechos fundamentales*. Madrid: Centro de estudios políticos y constitucionales, 2002, p. 798.

face, do mesmo modo que o princípio da proporcionalidade (*Übermassverbot* e *Untermassverbot*). Ela contém, ensina Maria Ferreira da Cunha, os princípios fundamentais de defesa do indivíduo face ao poder estadual – os limites ao exercício do poder em ordem a eliminar o arbítrio e a defender a segurança e a justiça nas relações cidadão-Estado (herança, desenvolvida e aprofundada, da época liberal – da própria origem do constitucionalismo), em especial em relação ao poder penal. No entanto, preocupada com a defesa ativa do indivíduo e da sociedade em geral e tendo em conta que os direitos individuais e os bens sociais para serem efetivamente tutelados podem não bastar com a mera omissão estadual,

> não devendo ser apenas protegidos face a ataques estaduais, mas também em face a ataques de terceiros, *ela pressupõe (e impõe) uma atuação estadual no sentido protetor dos valores fundamentais* (os valores que ela própria, por essência, consagra). Digamos que se deixa de encarar o Estado sempre na perspectiva de inimigo dos direitos fundamentais, para se passar a vê-lo como auxiliar de seu desenvolvimento ou numa outra expressão desta mesma idéia, deixam de ser sempre e só direitos contra o Estado para serem também direitos *através* do Estado.[193]

Assim, o Estado na esfera penal (e também em outras áreas) poderá frustrar o seu dever de proteção deixando de atuar de modo eficiente na garantia dos direitos fundamentais, ou seja, ficando aquém dos níveis mínimos exigidos pela Constituição ou até mesmo deixando de atuar de qualquer forma.

Verifica-se atualmente uma quase ausência de elaboração dogmática acerca do princípio da proibição de proteção deficiente, quando comparado com a doutrina a respeito da proibição de excesso. No entanto, pode-se dizer que existe uma congruência entre as faces do "princípio da proporcionalidade", isso porque a face deficiente se encontraria abrangida pela de excesso. Pensamos que seja porque a proteção deficiente não deixaria de ser um excesso de arbitrariedade estatal negativa, ou seja, a partir de um excesso de poder conferido ao Estado, este deixaria simplesmente de agir, ou dito de outro modo, poderíamos falar em excesso de falta de proteção. Na mesma linha Ingo Sarlet,[194] dirá que seria "[...] no sen-

---

[193] CUNHA, Maria da Conceição Ferreira da. *Constituição e Crime*, op. cit., p. 273-174.

[194] SARLET, Ingo Wolfgang. Constituição e proporcionalidade: o direito penal e os direitos fundamentais entre a proibição de excesso e de insuficiência. In: *Revista de Estudos Criminais*. n. 12, Porto Alegre: !TEC, 2003, p. 110.

tido de que aquilo que corresponde ao máximo exigível em termos de aplicação do critério da necessidade no plano da proibição de excesso, equivale ao mínimo exigível reclamado pela proibição de insuficiência".

Com o intuito de melhor desenvolver essa ferramenta (a da proibição de proteção deficiente), que apóia a construção teórica dos mandados implícitos de penalização, Feldens[195] aponta para o fato de que

> devemos partir de uma análise sistemática do ordenamento jurídico que embarque a Constituição em toda sua materialidade, quando então nos deparamos com duas premissas inarredáveis, sendo a segunda decorrente da primeira: (a) *A Constituição prevê a existência de um sistema de Direito Penal* [...] (b) dessa exigência constitucional decorre a necessidade de estabelecer-se, a partir dos valores constitucionalmente consagrados, uma *relação de coerência interna ou orgânica a nortear o ordenamento jurídico-penal*, o que implicaria a necessidade de desenvolver mecanismos que tendam a diagnosticar e a *afastar tanto um excesso, quanto uma insuficiência de proteção* a determinados bens jurídicos.

No momento em que o legislador não protege um direito fundamental, caberá a invocação da cláusula de proibição de proteção deficiente. Mediante esse recurso, é possível "identificar um padrão mínimo das medidas estatais com vistas a deveres existentes de tutela".[196] Padrão exigido para o legislador penal ao caracterizar o limite inferior de seu espaço de configuração.

A criminalização de uma conduta sempre será necessária quando a conduta a ser omitida põe em perigo um bem jurídico considerado digno de proteção penal. Para a proteção de bens jurídicos, devemos levar em conta, principalmente, os constitucionalmente assegurados, sobretudo os direitos fundamentais.

Assim, o espaço de atuação do legislador estaria entre dois limites: a proibição de proteção contra os excessos praticados contra o indivíduo (nesse caso, a proteção é em favor do indivíduo) e a proibição de proteção deficiente em prol do indivíduo a ser tutelado (nesse caso, a proteção é do restante da sociedade ou de indivíduos isoladamente). O que não podemos olvidar, e aqui está um ponto fundamental para o desenvolvimento deste trabalho, é que o Poder Judiciário também comete inconstitucionalidades quando

---
[195] FELDENS. Luciano. *A Constituição penal*, op. cit., p. 116-117.
[196] Idem, ibidem, p. 109.

deixa de proteger de forma apropriada e suficiente determinado bem jurídico de dignidade constitucional.

De todo modo, é possível afirmar que a proibição de proteção deficiente tem uma relação direta com a teoria do bem jurídico: ambas são conceitos que restringem a atuação do legislador, requerendo-lhe uma ação positiva e protetora. Da mesma maneira, sua umbilical relação com a noção de Constituição compromissória e dirigente. Rompe-se, assim, com a tradição clássica que restringia a atuação do legislador à forma negativa, nada requerendo além dos direitos de defesa. Para Winfried Hassemer, "[...] una comprensión modificada de la protección de bienes jurídicos no sólo sirve para hacer ofertas al legislador, sino también para presionarle normativamente".[197] Complementa dizendo que é dever do legislador atuar de forma protetora a conservar bens jurídicos importantes, sendo essa necessidade extraída das tradições penais e, principalmente, da Constituição.

Em suma, a idéia de proibição de proteção deficiente invocará sempre, e inevitavelmente, o conceito de bem jurídico, pois será na necessidade do dever de proteção constitucional que o legislador ficará obrigado a atuar de uma forma positiva. Por isso, dirá Hassemer, uma proteção legal sempre invocará uma idéia de interesse, ou seja, uma substância portadora de uma reivindicação de proteção de uma função, um objeto ou um estado: a idéia de bem jurídico.

Portanto, bem jurídico já não é, sob a égide do Estado Democrático de Direito, a simples proteção contra os poderes estatais; bem jurídico também é/será o modo de proteção através do Estado.

---

[197] HASSEMER, Winfried. ¿*Puede Haber delitos que no afecten a un bien jurídico penal?*, op. cit., p. 102.

4. As diversas possibilidades de incidência da proibição de proteção deficiente: entre a jurisdição e a legislação

Em julgamento ao Recurso Extraordinário n° 418376 pelo Supremo Tribunal Federal, foi discutida a aplicação da extinção da punibilidade prevista no artigo 107, antigo inciso VIII, do Código Penal. O referido dispositivo previa a extinção da punibilidade dos crimes sexuais na hipótese do casamento da vítima com o réu ou com terceiro. A partir da equiparação da união estável ao casamento, conforme o artigo 226, § 3°, da Constituição, o recorrente buscava a extensão do benefício legal, uma vez que vivia concubinamente com a vítima. A Suprema Corte se posicionou de três formas distintas: a primeira, dava máxima eficácia ao dispositivo, sustentando sua aplicação por analogia; a segunda, entendeu que as circunstâncias do fato impediam a concessão do benefício, uma vez que a vítima do estupro tinha nove anos, não sendo possível estender o conceito de "casamento" ao concubinato e união estável; a terceira posição colocou em questão a validade do dispositivo do art. 107, VIII, questionando sua constitucionalidade por meio da invocação da proibição de proteção deficiente dos direitos fundamentais.

Aqui destacamos o voto do Ministro Gilmar Mendes que, pela primeira vez no Brasil, invocou, em uma decisão, o viés positivo do garantismo penal, destacando que ao se aceitar a extinção da punibilidade

> estar-se-ia a blindar, por meio de norma penal benéfica, situação fática indiscutivelmente repugnada pela sociedade, caracterizando-se típica hipótese de *proteção deficiente* por parte do Estado, num plano mais geral, e do Judiciário, num plano mais específico. Quanto à proibição de proteção deficiente, a doutrina vem

apontando para uma espécie de garantismo positivo, ao contrário do garantismo negativo (que se consubstancia na proteção contra os excessos do Estado), já consagrado pelo princípio da proporcionalidade. A proibição de proteção deficiente adquire importância na aplicação dos direitos fundamentais de proteção, ou seja, na perspectiva do dever de proteção, que se consubstancia naqueles caso em que o Estado não pode abrir mão da proteção do direito penal para garantir a proteção de um direito fundamental. Nesse sentido, ensina o Professor Lenio Streck: "Trata-se de entender, assim, que a proporcionalidade possui uma dupla face: de proteção positiva e de proteção de omissões estatais. Ou seja, a inconstitucionalidade pode ser decorrente de excesso do Estado, caso em que determinado ato é desarrazoado, resultando desproporcional o resultado do sopesamento (*Abwägung*) entre fins e meios; de outro, a inconstitucionalidade pode advir de proteção insuficiente de um direito fundamental-social, como ocorre quando o Estado abre mão do uso de determinadas sanções penais ou administrativas para proteger determinados bens jurídicos. Este duplo viés do princípio da proporcionalidade decorre da necessária vinculação de todos os atos estatais à materialidade da Constituição, e que tem como conseqüência a sensível diminuição da discricionariedade (liberdade de conformação) do legislador" (Streck, Lenio Luiz. A dupla face do princípio da proporcionalidade: da proibição de excesso (*Übermassverbot*) à proibição de proteção deficiente (*Untermassverbot*) ou de como não há blindagem contra normas penais inconstitucionais. *Revista da Ajuris*, Ano XXXII, nº 97, março/2005, p.180). No mesmo sentido, o Professor Ingo Sarlet: "A noção de proporcionalidade não se esgota na categoria da proibição de excesso, já abrange, (...), um dever de proteção por parte do Estado, inclusive quanto a agressões contra direitos fundamentais provenientes de terceiros, de tal sorte que se está diante de dimensões que reclamam maior densificação, notadamente no que diz com os desdobramentos da assim chamada proibição de insuficiência no campo jurídico-penal e, por conseguinte, na esfera da política criminal, onde encontramos um elenco significativo de exemplos a serem explorados [...] A violação da insuficiência, portanto, encontra-se habitualmente representada por uma omissão (ainda que parcial) do poder público, no que diz com o cumprimento de um imperativo constitucional, no caso, um imperativo de tutela ou dever de proteção, mas não se esgota nesta dimensão (o que bem demonstra o exemplo da descriminalização de condutas já tipificadas pela legislação penal e onde não se trata, propriamente duma omissão no sentido pelo menos habitual do termo)". (SARLET, Ingo Wolfgang. Constituição e proporcionalidade: o direito penal e os direitos fundamentais entre a proibição de excesso e de insuficiência. *Revista da Ajuris*, ano XXXII, nº 98, junho/2005, p. 132). Dessa forma, para além da costumeira compreensão do princípio da proporcionalidade como proibição de excesso (já fartamente explorada pela doutrina e jurisprudência pátrias), há uma outra faceta desse princípio, a qual abrange uma série de situações, dentre as quais é possível destacar a dos presentes autos. Conferir à situação dos presentes autos o *status* de união estável, equiparável a casamento, para fins de extinção da punibilidade (nos termos do art. 107, VII, do Código Penal) não seria consentâneo com o princípio da proporcionalidade no que toca à proibição de proteção insuficiente. Isso porque todos os

Poderes do Estado, dentre os quais evidentemente está o Poder Judiciário, estão vinculados e obrigados a proteger a dignidade das pessoas [...][198]

Percebe-se, claramente, que a resposta ao problema se encontrava na própria Constituição (ou seja, logo ali), embora alguns ministros a estivessem procurando em outro lugar. Ao que parece, esse caso foi transformado em um caso difícil (*hard case*), pois sua resposta não se dava por mera subsunção. Ora, fazer uma interpretação conforme não deveria causar incômodo, embora saibamos que este tipo de prática hermenêutica-constitucional tenha dificuldade de encontrar terreno fértil, mesmo no paradigma do Estado Democrático de Direito.

A falta de proteção aos direitos fundamentais é cotidianamente observada nas práticas jurídicas do nosso país, algumas delas "se escondem" aos olhos daqueles que não enxergam uma Constituição cuja função é efetivação de garantias; outras são denunciadas pelos defensores de um constitucionalismo compromissório e dirigente.

Em uma outra e recente oportunidade, o Ministro Gilmar Mendes, ao proferir seu voto na polêmica ADIn nº 3.510 – a respeito da regulamentação das pesquisas com células-tronco – invocou, novamente, a proibição de proteção deficiente.

> A primeira impressão, não há dúvida, é de que a lei é deficiente na regulamentação do tema e, por isso, pode violar o princípio da proporcionalidade não como proibição de excesso (*Übermassverbot*), mas como proibição de proteção deficiente (*Untermassverbot*). Como é sabido, os direitos fundamentais se caracterizam não apenas por seu aspecto subjetivo, mas também por uma feição objetiva que os tornam verdadeiros mandatos normativos direcionados ao Estado. A dimensão objetiva dos direitos fundamentais legitima a idéia de que o Estado se obriga não apenas a observar os direitos de qualquer indivíduo em face das investidas do Poder Público (direito fundamental enquanto direito de proteção ou de defesa – Abwehrrecht), mas também a garantir os direitos fundamentais contra agressão propiciada por terceiros (*Schutzpflicht des Staats*) (HESSE, Konrad. *Grundzüge des Verfassungsrechts der Bundesrepublik Deutschland*. 16. ed. Heidelberg, 1988, p. 155-156). A forma como esse dever será satisfeito constitui, muitas vezes, tarefa dos órgãos estatais, que dispõem de alguma liberdade de conformação (HESSE, Konrad. *Grundzüge des Verfassungsrechts der Bundesrepublik Deutschland*, cit. p. 156). Não raras vezes, a ordem constitucional identifica

---

[198] BRASÍLIA. Supremo Tribunal Federal. *Recurso Extraordinário nº 418376*. Tribunal Pleno. Relator Ministro Marco Aurélio. Julgado em 9 de fev. de 2006. Disponível em <www.stf.gov.br>. Acesso em 21 abr. 2008.

o dever de proteção e define a forma de sua realização. A jurisprudência da Corte Constitucional alemã acabou por consolidar entendimento no sentido de que do significado objetivo dos direitos fundamentais resulta o dever do Estado não apenas de se abster de intervir no âmbito de proteção desses direitos, mas também de proteger tais direitos contra a agressão ensejada por atos de terceiros (Cf., a propósito, *BverfGE*, 39, 1 e s.; 46, 160 (164); 49, 89 (140 e s.); 53, 50 (57 e s.); 56, 54 (78); 66; 39 (61); 77 170 (229 s.); 77, 381 (402 e s.); ver, também, DIETLEIN, Johannes. *Die Lehre von den grundrechtlichen Schutzpflichten*. Berlin, 1991, p. 18). Essa interpretação da Corte Constitucional empresta sem dúvida uma nova dimensão aos direitos fundamentais, fazendo com que o Estado evolua da posição de "adversário" para uma função de guardião desses direitos (Cf., a propósito, DIETELEIN, Johannes. *Die Lehre von den grundrechtlichen Schutzpflichten*, cit. p. 17 e s). É fácil ver que a idéia de um dever genérico de proteção fundado nos direitos fundamentais relativiza sobremaneira a separação entre a ordem constitucional e a ordem legal, permitindo que se reconheça uma irradiação dos efeitos desses direitos sobre toda a ordem jurídica (von MÜNCH, Ingo. *Grundgesetz-Kommentar*, Kommentar zu Vorbemerkung Art 1-19, Nº 22). Assim, ainda que não se reconheça, em todos os casos, uma pretensão subjetiva contra o Estado, tem-se, inequivocamente, a identificação de um dever deste de tomar todas as providências necessárias para a realização ou concretização dos direitos fundamentais (von MÜNCH, Ingo. *Grundgesetz-Kommentar*, cit).Os direitos fundamentais não podem ser considerados apenas como proibições de intervenção (*Eingriffsverbote*), expressando também um postulado de proteção (*Schutzgebote*). Utilizando-se da expressão de Canaris, pode-se dizer que os direitos fundamentais expressam não apenas uma proibição do excesso (*Übermassverbot*), mas também podem ser traduzidos como proibições de proteção insuficiente ou imperativos de tutela (*Untermassverbot*) (CANARIS, Claus-Wilhelm. *Grundrechtswirkungen und Verhältnismässigkeitsprinzip in der richterlichen Anwendung und Fortbildung des Privatsrechts*. JuS, 1989, p. 161 [163]). Nos termos da doutrina e com base na jurisprudência da Corte Constitucional alemã, pode-se estabelecer a seguinte classificação do dever de proteção (RICHTER, Ingo; SCHUPPERT, Gunnar Folke. *Casebook Verfassungsrecht*. 3. ed. München, 1996, p. 35-36) :a) dever de proibição (*Verbotspflicht*), consistente no dever de se proibir uma determinada conduta; b) dever de segurança (*Sicherheitspflicht*), que impõe ao Estado o dever de proteger o indivíduo contra ataques de terceiros mediante a adoção de medidas diversas;c) dever de evitar riscos (*Risikopflicht*), que autoriza o Estado a atuar com o objetivo de evitar riscos para o cidadão em geral mediante a adoção de medidas de proteção ou de prevenção especialmente em relação ao desenvolvimento técnico ou tecnológico. Discutiu-se intensamente se haveria um direito subjetivo à observância do dever de proteção ou, em outros termos, se haveria um direito fundamental à proteção. A Corte Constitucional acabou por reconhecer esse direito, enfatizando que a não-observância de um dever de proteção corresponde a uma lesão do direito fundamental previsto no art. 2, II, da Lei Fundamental. (Cf. *BVerfGE* 77, 170 (214); ver também RICHTER, Ingo; SCHUPPERT, Gunnar Folke. *Casebook Verfassungsrecht*, p. 36-37). Assim, na dogmática alemã é conhecida a diferenciação entre o princípio da proporcionalidade como proibição de excesso (*Ubermassverbot*) e como proibição de proteção deficiente (*Untermassverbot*). No primeiro caso, o princípio da proporcionalidade funciona como parâmetro de aferição da constitucionalidade das intervenções nos direitos fundamentais como proibições de intervenção. No segundo, a consideração dos direitos fundamentais como imperativos de tutela (Canaris) imprime ao princípio da proporcionalidade uma estrutura diferenciada. ("Uma transposição, sem modificações, do estrito princípio da proporcionalidade, como foi desenvolvido no contexto da proibição de excesso, para a concretização da proibição de insuficiência, não é, pois, aceitável, ainda que, evidentemente, também aqui considerações de proporcionalidade desempenhem um papel, tal como em todas as soluções de ponderação". CANARIS, Claus-Wilhelm. *Direitos Fundamentais e Direito Privado*. Coimbra: Almedina; 2003). O ato não será adequado quando não proteja o direito fundamental de maneira ótima; não será necessário na hipótese de existirem medidas alternativas que favoreçam ainda mais a realização do direito fundamental; e violará o subprincípio da proporcionalidade em sentido estrito se o grau de satisfação do fim legislativo é inferior ao grau em que não se realiza o direito fundamental de proteção (Cf. BERNAL PULIDO, Carlos. *El principio de proporcionalidad y los derechos fundamentales*. Madrid: Centro de Estudios Políticos y Constitucionales; 2003, p. 798 e segs). Na jurisprudência do Tribunal Constitucional alemão, a utilização do princípio da proporcionalidade como proibição de proteção deficiente pode ser encontrada na segunda decisão sobre o aborto (*BverfGE* 88, 203, 1993). O *Bundesverfassungsgericht* assim se pronunciou: "O Estado, para cumprir com seu dever de proteção, deve empregar medidas suficientes de caráter normativo e material, que levem a alcançar – atendendo à contraposição de bens jurídicos – a uma proteção adequada, e como tal, efetiva (proibição de insuficiência). (...) É tarefa do legislador determinar, detalhadamente, o tipo e a extensão da proteção. A Constituição fixa a proteção como meta, não detalhando, porém, sua configuração. No entanto, o legislador deve observar a proibição de insuficiência (...). Considerando-se bens jurídicos contrapostos, necessária se faz uma proteção adequada. Decisivo é que a proteção seja eficiente como tal. As medidas tomadas pelo legislador devem ser suficientes para uma proteção adequada e eficiente e, além disso, basear-se em cuidadosas averiguações de fatos e avaliações racionalmente sustentáveis (...)". Uma análise comparativa do art. 5º da Lei nº 11.105/2005 com a legislação de outros países sobre o mesmo assunto pode demonstrar que, de fato, não se trata apenas de uma impressão inicial; a lei brasileira é deficiente no tratamento normativo das pesquisas com células tronco e, portanto, não está em consonância com o princípio da proporcionalidade como proibição de proteção insuficiente (*Untermassverbot*) [...] enquanto no direito comparado a regulamentação do tema é realizada por leis específicas, destinadas a regular, em sua inteireza, esse assunto tão complexo, no Brasil inseriu-se um único artigo numa lei destinada a tratar de tema distinto. Um artigo que deixa de abordar aspectos essenciais ao tratamento responsável do tema [...] A lei brasileira, numa lacuna contundente, estabelece apenas que as instituições de pesquisa e serviços de saúde, que realizem pesquisa ou terapia com células-tronco embrionárias humanas, deverão submeter seus projetos à apreciação e aprovação dos respectivos comitês de ética em pesquisa. Deixa a lei, nesse aspecto, de instituir um imprescindível Comitê Central de Ética, devidamente regulamentado [...] O art. 5º da Lei nº 11.105/2005 é, portanto, deficiente, em diversos aspectos, na regulamentação do tema das pesquisas com células-tronco. A declaração de sua inconstitucionalidade, com a conseqüente pronúncia de sua nulidade total, por outro lado, pode causar um indesejado vácuo normativo mais danoso à ordem jurídica e social do que a manutenção de sua vigência. Não seria o caso de declaração total de inconstitucionalidade, ademais, pois é possível preservar o texto do dispositivo, desde que seja interpretado em conformidade com a Constituição, ainda que isso implique numa típica sentença de perfil aditivo.Nesse sentido, a técnica da interpretação conforme a Constituição pode oferecer uma alternativa viável. [...] deve-se conferir ao art. 5º uma interpretação em conformidade com o *princípio responsabilidade*, tendo como parâmetro de aferição o princípio da proporcionalidade como proibição de proteção deficiente (*Untermassverbot*). Conforme analisado, a lei viola o princípio da proporcionalidade como proibição de proteção insuficiente (*Untermassverbot*) ao deixar de instituir um órgão central para análise, aprovação e autorização das pesquisas e terapia com células-tronco originadas do embrião humano. O art. 5º da Lei nº 11.105/2005 deve ser interpretado no sentido de que a permissão da pesquisa e terapia com células-tronco embrionárias, obtidas de embriões humanos produzidos por fertilização *in vitro*, deve ser condicionada à prévia aprovação e autorização por Comitê (Órgão) Central de Ética e Pesquisa, vinculado ao Ministério da Saúde. Entendo, portanto, que essa interpretação com conteúdo aditivo pode atender ao princípio da proporcionalidade e, dessa forma, ao princípio responsabilidade. Assim, julgo improcedente a ação, para declarar a constitucionalidade do art. 5º, seus incisos e parágrafos, da Lei nº 11.105/2005, desde que seja interpretado no sentido de que a permissão da pesquisa e terapia com células-tronco embrionárias, obtidas de embriões humanos produzidos por fertilização *in vitro*, deve ser condicionada à prévia autorização e aprovação por Comitê (Órgão) Central de Ética e Pesquisa, vinculado ao Ministério da Saúde.[199]

A partir desse consistente voto, parece não restar mais dúvida de que a tese encontrou terreno fértil no Supremo Tribunal Federal. Esperamos que o teor dessa argumentação se propague em outros tribunais do país, possibilitando, cada vez mais, a consolidação de um entendimento em prol da efetivação dos direitos fundamentais.

Para uma melhor compreensão da constante ausência/deficiência na proteção dos direitos fundamentais, resolvemos analisar o problema separadamente. De um lado, a proibição de proteção

---

[199] BRASÍLIA. Supremo Tribunal Federal. *ADIn nº 3.510*. Tribunal Pleno. Relator Ministro Carlos Britto. Julgado em 29 de maio de 2008. Disponível em <www.stf.gov.br>. Acesso em 29 jul. 2008.

deficiente nas práticas judiciárias; do outro, nas legislativas. Isso porque, e aqui vem um ponto importante: não é apenas o legislador que incorre em inconstitucionalidade quando protege insuficientemente bens jurídicos – ao descriminalizar condutas, por exemplo – mas também o Poder Judiciário, ao interpretar equivocadamente a lei e a Constituição, incorrerá em proteção deficiente.

4.1. Análise das decisões que não respeitaram o princípio da proibição de proteção deficiente: a atuação da jurisdição

Vejamos a importância deste tema no momento em que o Direito Penal é confrontado com decisões garantistas no sentido negativo, mas que carecem de uma análise do garantismo positivo. Portanto, protetiva de um lado e carente de proteção de outro.

4.1.1. A proibição de proteção deficiente nos crimes sexuais

O primeiro exemplo é trazido de um acórdão da Sétima Câmara Criminal do Tribunal de Justiça do Rio Grande do Sul:

EMENTA: Crime contra os costumes. Atentado violento ao pudor. Proporcionalidade.
1. Fere o princípio da proporcionalidade o mesmo apenamento ao estupro, ao atentado violento ao pudor sem qualquer espécie de cópula e a prática de atos libidinosos menos intensos.
2. Os delitos de estupro e atentado violento ao pudor possuem igual apenamento: 6 a 10 anos de reclusão. O legislador de 1990 não considerou no processo de tipificação criminal o princípio da proporcionalidade. Assim, por exemplo, manter conjunção carnal ou outro tipo de relação sexual, bem como qualquer ato libidinoso diverso da conjunção carnal, por mais simples que seja, tem a mesma reprovabilidade jurídica. Adequação típica efetuada em sede recursal. apelo da defesa parcialmente provido. Recurso ministerial prejudicado.[200]

Aqui, especialmente se analisarmos o caso concreto, não restarão dúvidas acerca da deficiência da proteção ao direito funda-

---

[200] RIO GRANDE DO SUL. Tribunal de Justiça do Estado. *Apelação Crime n° 70010325355*. Sétima Câmara Criminal, Tribunal de Justiça do RS. Relator: Nereu Giacomolli. Julgado em 03 de março de 2005. Disponível em <http://www.tj.rs.gov.br>. Acesso em 07 jul. 2006.

mental da vítima. Com efeito, esta era uma menina de apenas nove anos de idade e, muito embora não tenha havido no caso qualquer tipo de cópula por parte de seu agressor, sofreu gravíssimos abusos sexuais. Por isso a argumentação do Desembargador Relator peca ao levar em consideração somente uma face da proporcionalidade conforme podemos observar na seguinte passagem:

> É verdade que o réu esfregava seu órgão genital na vítima até ejacular. Pelo relato da ofendida em juízo, não houve coito anal e tampouco emprego de violência física ao desiderato da prática libidinosa, ressaindo daí, que sua conduta não se apresenta, sob a ótica do direito criminal, intensamente reprovável ao efeito de punição nos moldes daquela prevista para o atentado violento ao pudor e do estupro. Em caso análogo ao destes autos, já me manifestei no sentido de que os delitos de estupro e atentado violento ao pudor possuem igual apenamento: 6 a 10 anos de reclusão. O legislador de 1990 não considerou no processo de tipificação criminal o princípio da proporcionalidade. Assim, por exemplo, manter conjunção carnal ou outro tipo de relação sexual, bem como qualquer ato libidinoso diverso da conjunção carnal, por mais simples que seja, tem a mesma reprovabilidade jurídica. Isso leva a situações injustas e desproporcionais, como no caso em tela, em que ao réu seria atribuída a mesma pena pelo fato de acariciar os órgãos genitais da vítima, de estuprá-la ou de manter coito anal. – AC nº 70008609919. Em casos tais, venho desclassificando os fatos para o delito de corrupção de menores (artigo 218 do Código Penal), para fazer incidir, proporcionalmente, o *ius puniendi* do Estado.

Sob a mesma ementa,[201] não poderíamos deixar de mencionar o acórdão crime nº 70010094696,[202] típico exemplo de proteção insuficiente dada pelo Tribunal.

---

[201] Há, também, o acórdão nº 70008609919, que teve seu fato desclassificado para o delito de tentativa de atentado violento ao pudor. Segue a denúncia: "Ao final do mês de setembro de 2000, o denunciado, mediante violência presumida, constrangeu a vítima L. de L. J., de apenas cinco anos de idade na data do fato, a permitir que com ela praticasse ato libidinoso diverso da conjunção carnal, qual seja: acariciou sua vagina. O denunciado, aproveitando-se do fato de estar realizando serviços de construção na residência da vítima, tirou sua calcinha e colocou a mão em sua vagina, prometendo-lhe bolachas caso ela deixasse ele colocar o pênis em seu ânus, tudo a fim de satisfazer a sua lascívia". (RIO GRANDE DO SUL. Tribunal de Justiça do Estado. *Apelação Crime nº 70008609919*. Sétima Câmara Criminal, Tribunal de Justiça do RS. Relator: Nereu Giacomolli. Julgado em 06 de junho de 2004. Disponível em <http://www.tj.rs.gov.br>. Acesso em 05 abr. 2008).

[202] RIO GRANDE DO SUL. Tribunal de Justiça do Estado. *Apelação Crime nº 70010094696*. Sétima Câmara Criminal, Tribunal de Justiça do RS. Relator: Nereu Giacomolli. Julgado em 29 de dezembro de 2004. Disponível em <http://www.tj.rs.gov.br>. Acesso em 05 abr. 2008.

No caso em questão, segundo se depreende da denúncia

> Em datas e horários diversos, entre o ano de 2001 e 03 de junho de 2002, na Rua P. de M., nº x, Jardim Leopoldina, o denunciado constrangeu sua enteada, a menor J. R. P., com 10 anos de idade, mediante violência ficta e grave ameaça, a praticar e permitir que com ela se praticasse ato libidinoso diverso da conjunção carnal. Em diversas oportunidades, o denunciado, aproveitando-se da circunstância de se encontrar sozinho com a menor, visando satisfazer a própria lascívia, abaixava a calcinha da vítima, lambia e passava a mão em sua vagina e seios, colocava seu dedo dentro da vagina desta e obrigava-a a pegar seu pênis e colocar em sua boca.

A materialidade do crime, bem como a autoria imputada ao agente, foi reconhecida tanto em primeiro grau como em sede de recurso.[203] Lembramos que não está em questão qualquer análise de prova acerca da ocorrência ou não do delito. O crime em tela foi desclassificado para corrupção de menores,[204] sob a seguinte argumentação de que:

---

[203] Em seu depoimento pessoal, a vítima disse "que o réu tocou em seu corpo diversas vezes. Em algumas vezes esteve sozinha com o réu; em outras, o réu apalpava seus seios na frente de outras crianças. Chegou a passar a mão, lamber e dar beijo em sua vagina, tendo praticado este ato por mais de uma vez. Aduziu que não contou os fatos para sua mãe porque ficava com medo. O réu também a beijava na boca. Ao final de seu depoimento confirmou que o réu colocava o dedo em seu órgão genital e colocou o pênis em sua boca". Quanto a avaliação psicológica da vítima: "[...] relata a situação do abuso com ansiedade e sofrimento, sai aliviada das consultas após ter compartilhado este conflito. Segundo informações da mãe, a menina mudou neste período, perdeu a vontade de comer, deixou de cuidar de si mesma, chorava com freqüência e se tornou agressiva. Através de desenhos projetou sentimento de inferioridade e inadequação, frustração, falta de ambição e confiança na própria produtividade, sentimento de fraqueza ao manipular o ambiente. Demonstrou falta de atenção e observação e inadequação para conseguir independência pessoal. Através do teste das fábulas, percebe-se que J. está insegura e ansiosa, desenvolve fantasias de abandono, rejeição e sentimentos ambivalentes. Esta dinâmica de manifesta na busca de sua independência, na reação diante da relação de seus pais e na rivalidade fraterna. Esta intensificada na relação com a mãe, na qual sente-se abandonada e rejeitada, possui fantasias de auto agressão e busca com ansiedade uma reparação... possui condições de superar esta situação traumática, através do apoio familiar que está recebendo, e de psicoterapia individual".

[204] Crime este que possui uma pena de 1 a 4 anos, podendo o réu responder a uma pena privativa de liberdade em regime aberto, se não reincidente. É relevante mencionar que este delito possui a mesma pena mínima cominada ao delito de furto simples e receptação simples, bem como uma pena mínima inferior cominada ao delito de adulteração de chassi (3 anos a 6 anos de reclusão e multa) e bigamia (2 anos a 6 anos de reclusão).

É verdade que o réu tocava e lambia a vagina da vítima, bem como ela praticava nele sexo oral. Pelo relato da ofendida em juízo, não houve coito anal e tampouco emprego de violência física ao desiderato da prática libidinosa, ressaindo daí, que sua conduta não se apresenta, sob a ótica do direito criminal, intensamente reprovável ao efeito de punição nos moldes daquela prevista para o atentado violento ao pudor e do estupro [...] Assim, por exemplo, manter conjunção carnal ou outro tipo de relação sexual, bem como qualquer ato libidinoso diverso da conjunção carnal, por mais simples que seja, tem a mesma reprovabilidade jurídica [...] *Deste modo, é imperioso reconhecer-se que a sentença não fez justiça no caso concreto, pois a conduta do réu não se reveste de intensa reprovabilidade criminal, ao efeito de punição gravíssima*, nos moldes pretendidos pela acusação, como se estupro houvesse [...] (grifo nosso).

Questiona-se, então, qual conduta seria passível de ser "subsumida" no crime de atentado violento ao pudor? Ao que o acórdão indica, somente uma ação que incluísse coito anal.

Não há discordância quanto ao problema da vagueza e da ambigüidade do tipo penal[205] do atentado violento ao pudor, que proporciona ao sistema a junção de vários tipos de atos praticados, porém nem todos com a mesma potencialidade lesiva do crime de estupro, a ponto de até mesmo um beijo lascivo, ou uma "passada de mão", poder ser considerado como passível de enquadramento.[206] Isso para dizer o mínimo.

Nesse sentido, para André Callegari[207]

[...] o princípio da proporcionalidade das penas deve operar em um duplo âmbito: no legislativo (mandato dirigido ao legislador para que as penas abstratamente

---

[205] Para André Callegari, os crimes de estupro e atentado violento ao pudor que, embora protejam bens jurídicos idênticos, qual seja, a liberdade sexual, não poderiam receber o mesmo tratamento em todas as hipóteses. Acredita o autor ser necessária a diferenciação entre a conjunção carnal ou outro tipo de relação sexual e, os outros atos libidinosos, por exemplo um simples "esfregão" ou "apalpada", ou, ainda, um beijo lascivo. Diz que no primeiro caso, independente do ato sexual praticado, é certo que o apenamento pode ser o mesmo, discordando, apenas, da aplicação na segunda hipótese, por falta de proporção [tipicidade] no apenamento. (CALLEGARI, André Luís. *Os princípios da proporcionalidade e da ofensividade no direito penal como legitimadores da sanção penal*, op. cit., p. 45-46).

[206] Encontramos freqüentemente em manuais de direito penal a menção à "beijos voluptuosos, com longa e intensa descarga de libido", como refere, por exemplo, Hungria (citado por NUCCI, Guilherme de Souza. *Código Penal Comentado*. 6. ed. rev. ampl. São Paulo: revista dos Tribunais, 2006, p. 214).

[207] CALLEGARI, André Luís. *Os princípios da proporcionalidade e da ofensividade no direito penal como legitimadores da sanção penal*, op. cit., p. 45-46.

cominadas sejam proporcionais à gravidade dos delitos) e no judicial (mandato dirigido aos juízes e Tribunais para que as penas concretamente impostas aos autores dos delitos guardem também proporcionalidade com a gravidade do fato em concreto). Neste ponto, fica claro que os juízes e Tribunais deverão guardar a devida proporção ao aplicar a sanção em relação ao delito sexual cometido, mensurando a gravidade do delito, pois, é evidente que embora os delitos previstos nos artigos 213 e 214 do Código Penal prevejam a mesma pena em abstrato, nem sempre a gravidade da conduta é a mesma [...]

Aqui, não se questiona a adequação e a necessidade em abstrato de uma determinada norma penal para a regulação de uma diversidade de fatos que atentem contra um bem jurídico protegido, mas sim, sua incidência a partir do caso concreto, quando a mera subsunção possa ofender o princípio da proporcionalidade.[208] Busca-se, assim, adequar esse princípio constitucional à sua dupla função garantidora.

Entretanto, ao lado da proteção "negativa" ao cidadão acusado do delito, o acórdão em discussão deixou sem proteção a dignidade da pessoa humana, bem jurídico fundamental igualmente protegido pela norma penal e pela Constituição. Ocorreu aqui claramente uma falta de reprovabilidade na conduta do acusado. Assim, levando-se em consideração os dois lados do princípio da proporcionalidade, tem-se que: de um lado, o fato de não ser um crime da potencialidade lesiva do crime de estupro, e do outro, o de ser insuficiente o enquadrado feito pela Câmara do Tribunal de Justiça do Rio Grande do Sul do delito no artigo 218 do Código Penal. É evidente que o que deve prevalecer é a proteção do bem jurídico de maior valia: o direito fundamental à dignidade da vítima.

Ademais, a Constituição do Brasil em seu artigo 227, § 4º, prevê a punição rigorosa ao abuso, violência e exploração sexual contra criança e adolescente.[209] Dito de outro modo, não se pode olvidar que a teoria do bem jurídico tem respaldo (apenas) na Constitui-

---

[208] FELDENS. Luciano. *A Constituição penal*, op. cit., p. 195.

[209] Com relação a isso, salienta-se o novo contexto de proteção à mulher (e, logicamente, com muito mais razão a da menor de idade) trazido pela Lei Maria da Penha (Lei 11.340/06) que estabelece em seu artigo 6º que "a violência doméstica e familiar contra a mulher constitui uma das formas de violação dos direitos humanos", enquadrando como tal, dentre outras, a violência sexual. Além disso, a Convenção sobre a Eliminação de Todas as Formas de Violência Contra a Mulher e a Convenção Interamericana para Prevenir, Punir e Erradicar a Violência Contra A Mulher (dos quais o Brasil é signatário desde 1984 e 1995, respectivamente), são alguns

ção. Por isso, determinadas condutas lesivas a bens fundamentais não podem, de maneira nenhuma, ficar sem proteção penal. A Constituição, ao comandar a proteção à criança, por exemplo, não somente comanda a atividade do legislador; comanda, também e fundamentalmente, a atividade do aplicador da norma.

Ao que parece, a Sétima Câmara do Tribunal de Justiça do Rio Grande do Sul é adepta da tese desclassificatória do crime de atentado violento ao pudor para o tipo de corrupção de menores. No entanto, sabemos que a conduta do réu, no caso concreto, enquadrou-se perfeitamente no tipo penal previsto no artigo 214 do Código Penal. Ora, então para que desclassificar a conduta se já existe um tipo penal que a prevê? O exemplo que segue é de um caso similar:

> EMENTA. Prova. Crime contra os costumes. Palavra da vítima. Criança. Valor. Como se tem decidido, nos crimes contra os costumes, cometidos às escondidas, a palavra da vítima assume especial relevo, pois, via de regra, é a única. O fato dela (vítima) ser uma criança não impede o reconhecimento do valor de seu depoimento. Se suas palavras se mostram consistentes, despidas de senões, servem elas como prova bastante para a condenação do agente. É o que ocorre no caso em tela, onde o seguro depoimento da ofendida em juízo informa sobre os atos sexuais sofridos, afirmando que o apelante foi o seu autor. Condenação mantida pela prática de crime contra os costumes. *Atentado violento ao pudor. Violência presumida. Desclassificação para corrupção. Possibilidade.* Afastada a presunção de violência, portanto o atentado violento ao pudor, é possível desclassificar a infração penal para aquela prevista no art. 218 do Código Penal, porque presentes os requisitos da corrupção. A Súmula 453 do STF não inibe, em apelação, o reconhecimento desta situação, aplicando-se os artigos 383 e 617 do Código de Processo Penal. A denúncia, ao descrever do crime do artigo 214, na modalidade de violência presumida, está informando ao acusado, de forma implícita, sobre as circunstâncias do outro delito. DECISÃO: Apelo defensivo parcialmente provido. Apelo ministerial prejudicado. Por maioria.[210] (grifo nosso).

No caso em tela, a vítima, uma menina de seis anos, sofreu reiteradas agressões sexuais por parte do réu, seu padrinho. Após

---

exemplos de proteção conferida pelo direito internacional, obrigando o Estado a criar formas de proteger os direitos fundamentais da mulher.

[210] RIO GRANDE DO SUL. Tribunal de Justiça do Estado. *Apelação Crime nº 70011809886*. Sétima Câmara Criminal, Tribunal de Justiça do RS. Relator: Sylvio Baptista Neto. Julgado em 08 de agosto de 2005. Disponível em <http://www.tj.rs.gov.br>. Acesso em 15 mar. 2008.

a narrativa[211] inicial, seguiu-se a argumentação do Desembargador Relator:[212]

---

[211] Em juízo, após, mais ou menos 3 anos do ocorrido, a vítima afirma com convicção que quando ia à casa do réu, seu dindo, este colocava a mão por baixo de sua roupa. Relata que, por diversas vezes, o réu colocava o dedo no seu "xixi" enquanto assistiam televisão na cama, sendo que sua dinda, companheira do réu, não via nada, pois ele fazia escondido. Por fim, refere que o réu ameaçava lhe bater caso contasse para alguém [...] disse que mandava ele parar, mas ele não obedecia e lhe assustava dizendo que iria apanhar. Acrescenta que, quando ficava vendo filme com M., às vezes ficava com muito sono e ele não a deixava dormir, ficava lhe botando o dedo no "xixi". Em consonância com os depoimentos da vítima, sua mãe, E., "afirma ter levado sua filha para dormir na casa do réu por umas três sextas-feiras consecutivas. Diz que na quarta sexta-feira a menina não quis ficar na casa do réu de livre e espontânea vontade, tendo de ser obrigada. Na quinta-feira seguinte, diz que encontrou o réu nas imediações de sua residência e deixou a vítima em sua companhia para irem à venda. Dirigiu-se à casa do réu para pedir à sua companheira que ficassem com a vítima no dia seguinte. Lá chegando, notou que o réu já havia chegado e estava sozinho com sua filha no quarto. O réu estava sentado e a menina deitada, atrás dele. Diz que ao notar sua presença, o réu, que estava com as mãos para trás do corpo, esfregou-as e colocou-as para frente. Afirma ainda que, neste momento, teve a impressão que a vítima baixou sua saia, que estava levantada. Por ter desconfiado daquele procedimento, naquele mesmo dia, indagou sua filha acerca do que o dindo tinha feito com ela. Após muita insistência, a vítima disse que contaria, mas não poderia contar para seu pai, pois o réu havia dito que se contasse iria apanhar. A seguir, a menina externou, através de gestos, que o réu colocava os dedos em sua vagina. Em outras oportunidades, diz ter tocado no assunto com a vítima, a qual sempre respondia que o réu a ameaçava dizendo que se ela não deixasse ele baixar as calcinhas, ele judiava dela e ficava bravo [...]". A médica M. A., que realizou a perícia na vítima, em ambas as fases da persecução afirma que a menina, embora não tenha contado detalhes dos fatos, relatou que seu padrinho agia tal qual disposto na denúncia. Diz, ainda ter constatado que "a menina tinha uma 'hiperemia' um vermelhidão na vagina, que poderia ser conseqüência do ato de abuso [...]". A vítima, na fase judicial, foi clara ao afirmar que o fato delituoso "ocorreu várias vezes, e não uma vez só".

[212] Não é de causar estranheza que, sob a mesma argumentação, fundamentem-se casos distintos. Isso porque, para os aplicadores do direito, é *praxe* seqüestrar a singularidade do caso concreto, transformando-os em categorias metafísicas e, em conseqüência disso, obnubilando a diferença ontológica. Para tanto ver: RIO GRANDE DO SUL. Tribunal de Justiça do Estado. *Apelação Crime nº 70011188786*. Sétima Câmara Criminal, Tribunal de Justiça do RS. Relator: Sylvio Baptista Neto. Julgado em 16 de junho de 2006. Disponível em <http://www.tj.rs.gov.br>. Acesso em 15 mar. 2008. Neste caso, a vítima era uma menina de cinco anos, que foi constrangida a deixar que seu avô introduzisse o dedo em seu ânus e em sua vagina.

Correção que faço é quanto ao tipo de delito, do qual incorreu o recorrente, para, no final, encontrar uma pena justa. Defendo que se deve punir o agente na medida de seu ato, de sua culpabilidade e que esta punição seja necessária e suficiente para a reprovação pelo crime cometido.Tem-se que encontrar a punição adequada, pois muitas vezes – e me parece a hipótese em questão – *o excesso de rigor da lei não faz justiça ao caso concreto.* E dentro deste raciocínio, definir qual é o papel do Poder Judiciário, qual é a função dos tribunais, da jurisprudência. Penso que é dar à hipótese em julgamento a justiça, porque, em contrário, para que, nos juízes, servimos? Se for para enquadrar o fato ao tipo penal e sua respectiva pena, bastarão funcionários burocráticos com alguma qualificação e um programa de computador [...] [Dentro do papel da jurisdição está] a aplicação da melhor punição ao acusado (aquela que seja suficiente para a reprovação do criminoso, que dê uma satisfação à vítima e à sociedade). *Nem que, para tanto, tenhamos que encontrar, no sistema legal, uma situação que melhor se enquadre no caso ou deixar de aplicar a lei injusta* [...] Assim, pergunto: encontrando-se um caso em que a punição mínima cominada em lei é exagerada e foge dos princípios citados acima, deve os tribunais se omitir? Ou, porque sendo esta a sua função, constitucional e única, a de fazer justiça, têm eles que encontrar a solução justa? É evidente que a resposta aponta para a segunda pergunta. Aqui, à semelhança de outras hipóteses, inclusive àquelas referidas pelos colegas em seus votos, *eu ressalto que a ação, cometida pelo réu contra a vítima, não teve uma repercussão tão danosa que exigisse uma punição exemplar. Ainda que se afirme certo desgaste psicológico, ele não é de molde, insistindo, determinar uma repressão tão elevada. No caso, o apelante se limitou, para satisfazer sua lascívia, a colocar os dedos na vagina da criança. Não houve coito vaginal ou anal ou mesmo felação. Daí, porque, repetindo, sua conduta não se apresenta, sob a ótica do direito criminal, intensamente reprovável, para os efeitos de punição nos moldes daquela prevista para o atentado violento ao pudor.* Até porque, também, pelos depoimentos colhidos em juízo, não existe indício de nenhum grande abalo por parte da menor após a ocorrência dos fatos delituosos. (grifo nosso)

Ou o equívoco é muito grande, ou *mutatis mutandis* o Desembargador Relator quis dizer que, para encontrar uma situação que melhor se enquadre ao caso, ele pode até mesmo cometer inconstitucionalidades. Isso porque, além de deixar sem proteção o direito fundamental da vítima, a argumentação é no sentido de que ao magistrado cabe qualquer decisão à revelia da Constituição, desde que sua decisão (discricionária e/ou arbitrária) satisfaça o que ele entende[213] por proporcionalmente adequado para o caso concreto. Isso sem falar que considera que o fato não teve "uma repercussão tão danosa que exigisse uma punição exemplar", porque, afinal de

---

[213] Aqui tipicamente a prevalência do paradigma da subjetividade (esquema sujeito-objeto).

contas, o apelante "se limitou" a colocar os dedos na vagina da criança. Tal argumentação soa como se o réu não tivesse "feito quase nada" contra uma criança de seis anos de idade. Nesse sentido, Sarlet[214] é contundente ao afirmar que

> [...] se no Estado Democrático de Direito não há como afastar a aplicação da proporcionalidade, em virtude na necessária compatibilização de bens e interesses, e por conta da superação da estrita legalidade formal (a lei que fere as exigências da proporcionalidade e da razoabilidade é, para além de inconstitucional, injusta), *também não há como transformar a proporcionalidade (assim como os princípios em geral) em pautas decisórias arbitrárias e que possam justificar qualquer solução.* A proporcionalidade, na sua dupla acepção, se legitima pelo rigor metodológico e argumentativo, traduzido pelo dever de fundamentação, na sua aplicação concreta e ao mesmo tempo não afasta a consideração de outros critérios materiais a balizar uma decisão sobre a legitimidade constitucional de alguma ação estatal. (grifo nosso)

Aqui bastaria uma pergunta, cuja resposta, sem dúvida é negativa: no caso concreto, o Estado protegeu suficientemente o direito da vítima?

Se por um lado os Julgadores receavam em proferir uma decisão anti-garantista (no seu viés negativo, é claro), por outro, deixaram desamparado o direito à dignidade da pessoa humana, pela qual o Estado Democrático de Direito, cuja função é de proteger e promover os direitos e garantias fundamentais, jamais poderia deixar de zelar.

Não estamos falando acerca da mera comparação ou parametricidade entre tipos penais, circunstância que por si só já fragiliza a tese do Tribunal Gaúcho. O caso em questão nada tem em comum com o tipo descrito no artigo 218 do Código Penal, para o qual foi desclassificado. O referido artigo dispõe que comete corrupção de menores quem "corromper ou facilitar a corrupção de pessoa maior de 14 (quatorze) anos e menor de 18 (dezoito) anos, com ela praticando ato de libidinagem, ou induzindo-a a praticá-lo ou presenciá-lo".

Além disso, nota-se que a Relatoria afastou a possibilidade de violência presumida unicamente para poder desclassificar o tipo penal, uma vez que com este ele é completamente incompatível,

---
[214] SARLET, Ingo Wolfgang. *Direitos Fundamentais e proporcionalidade*, op. cit., p. 144.

pois tem como requisito, segundo o artigo 224, "a", do Código Penal, que a vítima não seja maior de 14 anos.

A argumentação foi no sentido de que

> [...] é de adequar a situação em julgamento à hipótese legal, para se fazer justiça, *embora a vítima contasse com menos de quatorze anos de idade na época, vou afastar a presunção de violência e, em conseqüência, a aplicação da Lei dos Crimes Hediondos. Isto porque não existiu a violência real.* A vítima contou que o réu, se aproveitando do relacionamento pessoal entre eles, era padrinho dela, cometido os fatos, quando ela dormia em sua casa. Desta forma, inexistindo a violência real e afastada a presunção, é possível desclassificar a infração para aquela prevista no art. 218 do Código Penal, porque presentes os requisitos da corrupção de menores". (grifo nosso)

A questão que fica é: se não houve violência real e nem violência presumida, para o Tribunal não houve violência alguma.

Na verdade, os casos concretos – e o direito é uma questão de caso concreto – é que distanciam mais ainda um tipo penal do outro, pela relevante circunstância de que suas peculiaridades ficam escamoteadas pela análise metafísica da tese desclassificatória.

Na mesma linha, não poderíamos deixar de trazer à discussão o objeto dos Embargos Infringentes[215] n° 70008679466 analisados pelo Quarto Grupo Criminal do Tribunal de Justiça do Rio Grande do Sul. Embora a decisão tenha desacolhido os Embargos, o que interessa para o nosso trabalho é a argumentação que sustentou um dos votos.

Tratava-se, mais uma vez, da tentativa de desclassificação do crime de atentado violento ao pudor[216] para o crime de corrupção de menores. Do voto do Desembargador Relator, lê-se:

---

[215] RIO GRANDE DO SUL. Tribunal de Justiça do Estado. *Apelação Crime n° 70008679466*. Quarto Grupo Criminal, Tribunal de Justiça do RS. Relator vencido Nereu José Giacomolli. Relator para acórdão: Fabianne Breton Baisch. Julgado em 22 de outubro de 2004. Disponível em <http://www.tj.rs.gov.br>. Acesso em 15 mar. 2008.

[216] A denúncia narrou que "[...] E. da C. R. constrangeu a vítima A. T. da R., com três anos de idade na época do fato, mediante violência presumida, a permitir que com ele praticasse ato libidinoso diverso da conjunção carnal. Descreveu que o denunciado, aproveitando-se da situação de ser vizinho da vítima e de seus pais, chamou-a até sua casa para oferecer-lhe doces e balas, ocasião em que praticou sexo oral com a criança, fazendo com que esta permitisse que ele "chupasse seu pênis". Em decorrência, foi denunciado pelo delito do artigo 214 combinado com 224, letra "a", ambos do Código Penal".

Assim, pelo princípio da proporcionalidade, ínsito ao Direito Penal, há de se questionar, *a priori*, a reprovabilidade de determinadas condutas típicas ao efeito da correspondente reprimenda criminal. Acerca da proporcionalidade, Cesare Beccaria ensinava que "uma pena, para ser justa, precisa ter apenas o grau de rigor suficiente pare afastar os homens da senda do crime (...) A fim de que o castigo surta o efeito que se deve esperar dele, é suficiente que o mal que provoque vá além do bem que o réu retirou do crime. Devem ser contados como parte do castigo os terrores que antecedem a execução e a perda das vantagens que o delito devia produzir. Qualquer excesso de severidade torna-a supérflua e, por isso mesmo, tirânica". (*apud* BOSCHI, José Antônio P. *Das penas e seus critérios de aplicação*. Porto Alegre, Livraria do Advogado, 2000, p. 67). *No caso destes autos, o embargante limitou-se a praticar sexo oral no menino com o intuito de satisfazer sua lascívia, é verdade, porém, como se pode facilmente haurir de sua entrevista com a psicóloga, bem como do relato de sua mãe em juízo, não houve coito anal e tampouco emprego de violência ao desiderato da prática libidinosa, ressaindo daí, que sua conduta não se apresenta, sob a ótica do direito criminal, intensamente reprovável ao efeito de punição nos moldes daquela prevista para o atentado violento ao pudor.* [...] Nesse passo, penso seja possível operar-se a desclassificação dos fatos narrados na denúncia para o crime do artigo 218 do Código Penal, pois comprovada a inexistência de violência real e por outro lado, afastada a presunção, com fundamento no artigo 383 do Código de Processo Penal, pois o fato narrado na denúncia descreveu apenas um ato libidinoso praticado contra criança que, pelos informes dos autos, não era corrompida, enfatizando-se não haver prejuízo à defesa e tampouco contrariedade ao enunciado da Súmula 453 do STF. (grifo nosso)

Como se observa, os julgamentos em tela, sob o argumento da prática de um garantismo de cariz negativo, terminam por deixar descoberta a face escondida do direito fundamental protegido pela Constituição e por tratados internacionais: a dignidade da mulher, a proteção da criança e a liberdade sexual.

4.1.2. A proibição de proteção deficiente e o crime continuado: problemas além mar e aquém mar – da legislação à jurisdição

Outra questão que nos parece relevante trazer à lume é o caso do reconhecimento da continuidade delitiva nos crimes hediondos. Recentemente, o Poder Legislativo português alterou o conteúdo do art. 30 do Código Penal,[217] que previa para o concurso de crimes e crime continuado a seguinte redação:

> 1 – O número de crimes determina-se pelo número de tipos de crime efectivamente cometidos, ou pelo número de vezes que o mesmo tipo de crime for preenchido pela conduta do agente.
> 2 – Constitui um só crime continuado a realização plúrima do mesmo tipo de crime ou de vários tipos de crime que fundamentalmente protejam o mesmo bem jurídico, executada por forma essencialmente homogénea e no quadro da solicitação de uma mesma situação exterior que diminua consideravelmente a culpa do agente.
> 3 – *O disposto no número anterior não abrange os crimes praticados contra bens eminentemente pessoais, salvo tratando-se da mesma vítima.* (grifo nosso)

A Lei 59 de 4 de setembro de 2007 alterou significativamente o Código Penal português tanto em sua Parte Geral como em sua Parte Especial. Com relação àquela, uma das modificações mais polêmicas[218] foi a supressão do item 3 do artigo 30, permitindo, com isso, que o crime continuado passasse a ser admitido em relação aos crimes cometidos contra bens pessoais. Desse modo, por exemplo, os crimes que aqui no Brasil são denominados de hediondos seriam passíveis desse benefício penal.

---

[217] Legislação disponível em <http://www.unifr.ch/ddp1/derechopenal/legislacion/pt/CPPortugal.pdf.>. Acesso em 29 de jul. de 2008.

[218] A nota ao jornal eletrônico Correio da Manhã traz a questão "'[...] Há que reconhecer que a mera possibilidade de atenuação da punição em casos que poderiam ser punidos de acordo com as regras do concurso de crimes, justificará um particular cuidado na avaliação e valoração das circunstâncias', alerta Pinto Monteiro. O procurador, que recorda a 'controvérsia' gerada pela alteração do artigo 30º do Código Penal, aconselha os magistrados a absterem-se de invocar a figura do crime continuado quando não estejam 'inequivocamente apurados' os pressupostos da 'continuação criminosa'. Recorde-se que a aplicação do crime continuado aos crimes eminentemente pessoais foi considerada, por alguns especialistas, como uma alteração à medida do processo Casa Pia. Esta é, aliás, uma das alterações que a Associação de Juízes pela Cidadania quer ver revogada, tendo para o efeito criado uma petição, que está disponível on-line. O desembargador Rui Rangel e o advogado José António Barreiros foram dois dos principais críticos da alteração penal, classificando-a como 'ultrajante' e 'escandalosa'. A paternidade da norma não foi assumida, mas o ministro da Administração Interna, Rui Pereira, que coordenou a reforma penal, garante ter sido contra esta solução. O Ministério da Justiça já prometeu divulgar as actas da Unidade de Missão, o que não aconteceu até ao momento". (CORREIO DA MANHÃ. *PGR Alerta para Crime Continuado*. 12 de janeiro de 2008. Disponível em <http://www.correiomanha.pt/noticia.aspx?contentid=00273291>. Acesso em 05 abr. 2008.

Com relação a isso, o Supremo Tribunal de Justiça português vem se mostrando relutante à tese da continuidade delitiva nos crimes contra bens jurídicos pessoais, sem, no entanto, declarar a inconstitucionalidade de sua aplicação. É o que se depreende das seguintes ementas:

> I – O recorrente não veio questionar o enquadramento jurídico dos factos, que o tribunal recorrido integrou num crime de abuso sexual de crianças, na forma continuada, p.p. pelos artigos 30º e 172º, nº 2 do Código Penal. Mas, mais correcto teria sido considerar os vários actos criminosos apurados como constituindo um único crime de *trato sucessivo* e não como um crime continuado.
>
> II – No crime continuado há uma diminuição de culpa à medida que se reitera a conduta, mas não se vê que tal diminuição exista no caso do abuso sexual de criança por actos que se sucedem no tempo, em que, pelo contrário, a gravidade da culpa parece aumentar à medida que os actos se repetem.
>
> III – Não podendo este Supremo corrigir "in pejus" a qualificação jurídica do colectivo relativo à existência de um crime *continuado*, pois o recurso é do arguido e em seu benefício, deve ficar, no entanto, o reparo.[219]

e

> [...] XI – Pressuposto da continuação criminosa será, verdadeiramente, a existência de uma relação que, de maneira considerável, facilitou a repetição da actividade criminosa, tornando cada vez menos exigível ao agente que se comporte de maneira diferente, isto é de acordo com o direito.
>
> XII – Contudo, a integração no referido conceito de crime continuado será sempre inaceitável relativamente a disposições que visem proteger bens jurídicos eminentemente pessoais. Aí, e qualquer que seja a concepção de que se parta, não pode deixar de reconhecer-se que corresponde um valor autónomo a cada pessoa a quem a lei quer estender a sua protecção. Radicando-se tais bens na própria personalidade eles não podem nunca ser tomados abstractamente (cf. Eduardo Correia, A teoria do Concurso, págs. 255). XIII – Também Jescheck defende que, estando em causa bens jurídicos eminentemente pessoais, o crime continuado estará naturalmente excluído quando as acções se dirigem contra titulares distintos [...][220]

---

[219] PORTUGAL. Supremo Tribunal de Justiça. *Recurso Penal 07P1031*. Secção Criminal. Relator: Santos Carvalho. Julgado em 29 de março de 2007. Disponível em <http://www.dgsi.pt/jstj.nsf/954f0ce6ad9dd8b980256b5f003fa814/633f42d6c2265faa802572ae0056fbd4?OpenDocument>. Acesso em 06 abr. 2008.

[220] PORTUGAL. Supremo Tribunal de Justiça. *Recurso Penal 07P2273*. Secção Criminal. Relator: Santos Cabral. Julgado em 05 de setembro de 2007. Disponível em <http://www.dgsi.pt/jstj.nsf/954f0ce6ad9dd8b980256b5f003fa814/0968db54922eafb08025737d002c71e5?OpenDocument>. Acesso em 06 abr. 2008.

A questão gerou até uma diretiva do Procurador Geral da República,[221] recomendando aos membros do Ministério Público

---

[221] A Diretiva possui o seguinte conteúdo "A Lei nº 59/2007, de 4 de Setembro, que alterou o Código Penal, introduziu significativas modificações não apenas no que se refere à definição de novos tipos legais de crime e à reformulação de incriminações já existentes, mas também no que respeita a normas fundamentais da Parte Geral do Código. Apesar deste seu carácter inovador, a específica natureza destas alterações do direito penal substantivo não tem suscitado, em geral, o nível de controvérsia que foi gerado por algumas modificações introduzidas, simultaneamente, no Código de Processo Penal. Ocorreu, porém, uma modificação na 'Parte Geral' do Código Penal que provocou polémica, inclusive nos meios de comunicação social e por parte do público em geral, afigurandose, no entanto, que as críticas conhecidas não abalaram o entendimento firmado, ao longo de décadas, pela jurisprudência. Referimonos ao novo nº 3 do art. 30º do Código Penal, que veio possibilitar, expressamente, a utilização da figura do crime continuado, em casos de prática plúrima de crimes contra bens eminentemente pessoais, estando em causa a mesma vítima, desde que, obviamente, se verifique o pressuposto fundamental daquele instituto – acentuada diminuição da culpa do autor. Ora, sem entrar aqui em elaborações doutrinais mais aprofundadas, no âmbito duma matéria que integra os próprios princípios estruturais do sistema punitivo, há que reconhecer que a mera possibilidade da atenuação da punição em casos que poderiam ser punidos de acordo com as regras do concurso de crimes, justificará um particular cuidado na avaliação e valoração das circunstâncias factuais cuja verificação, no caso concreto, poderá implicar a punição a título de crime continuado. Face ao exposto, cabendo ao Ministério Público um papel essencial na conformação do objecto do processo, tendo em vista o julgamento dos factos apurados e a aplicação do regime punitivo que se mostre mais adequado ao caso concreto, determina-se, nos termos do art. 12º, nº 2, alínea b), do Estatuto do Ministério Público revisto e republicado pela Lei nº 60/98, de 27.08, que sejam adoptadas as seguintes orientações: 1. A eventual subsunção jurídica dos factos apurados à figura do crime continuado, prevista pelos nºs 2 e 3 do art. 30º do Código Penal, quando se verifique a realização plúrima do mesmo tipo de crime ou de vários tipos de crime que fundamentalmente protejam o mesmo bem jurídico, dependerá sempre, nos termos da lei, da verificação de circunstâncias de facto que, em concreto, devam considerar-se como aptas a justificar um juízo de considerável diminuição da culpa do arguido; 2. Sendo assim, quando no inquérito se suscite a eventual verificação de uma situação de continuação criminosa, deverá proceder-se ao rigoroso apuramento, em concreto, dos pressupostos de facto de que depende a imputação da prática de crime continuado, quer no que se refere à exigível 'homogeneidade da actuação" do arguido quer no que respeita à existência de uma 'mesma situação exterior', susceptível de diminuir consideravelmente a respectiva culpa; 3. Subsequentemente, se tais pressupostos estiverem inequivocamente apurados, os factos integradores da 'continuação criminosa' deverão ser rigorosamente descritos na acusação, não podendo esta limitar-se à afirmação conclusiva da sua alegada verificação; 4. Caso não se revele possível, no momento do encerramento do inquérito, fundamentar, em factos concretos, a imputação da prática de crime continuado, nos termos atrás expostos, deverão os senhores Ma-

"particular cuidado" na avaliação dos pressupostos do crime continuado.

Ora, se a Constituição portuguesa consagra em seu artigo 1º que "Portugal é uma República soberana, baseada na dignidade da pessoa humana [...]" e se a aplicação da continuidade delitiva aos crimes contra bens pessoais fere essa dignidade frontalmente, a única conclusão que poderíamos chegar é que a Lei Penal Lusitana protegeu insuficientemente um direito fundamental que é a dignidade da pessoa humana. Por isso, temos aqui um importante exemplo de inconstitucionalidade por proteção deficiente.

A mesma problemática podemos encontrar aqui no Brasil. Vejamos os exemplos de acórdãos das Oitava e Quinta Câmaras Criminais do Tribunal de Justiça do Rio Grande do Sul:

> EMENTA: Crime continuado. Estupro. Atentado violento ao pudor. Possibilidade. O conceito de mesmo, previsto no art. 71 do Código Penal e no seu parágrafo, não se restringe só à idéia de identidade. Abrange, também, a de semelhança ou parecença. É de se destacar que, entre as espécies existentes dentro do gênero crime contra os costumes, as que mais se assemelham são exatamente o estupro e o atentado violento ao pudor. O núcleo dos dois tipos penais é expresso pelo verbo constranger e pelo objeto material do ato sexual. O elemento, que afastaria a identidade entre as duas condutas criminosas, permitindo conceituá-las como duas espécies autônomas, é a conjunção carnal. Mas não se traduz num traço exclusivo de uma delas. Isto porque o bem jurídico em proteção não é o sexo, mas a liberdade sexual da vítima. *Crime continuado. Lapso temporal de mais de um mês entre os fatos. Possibilidade. Tendo em vista que a figura do crime continuado não traduz um conceito de lógica científica, porém um puro critério de política criminal (evita-se uma inadequada e injusta cumulação de penas contra o agente)*, é possível reconhecê-lo, ainda que o tempo entre os fatos delituosos tenha sido superior a um mês. Como vem destacando a jurisprudência, a condição de tempo e lugar não é essencial à existência de continuidade, desde que outras circunstâncias e sobretudo a identidade ou semelhança do processo executivo dos vários crimes revelem a conexão que entre eles existe na linha de continuidade. É o que ocorre no caso em tela, onde os requisitos da continuação estão presentes nos delitos perpetrados pelo agravante. O lapso temporal transcorrido entre os crimes não

---

gistrados do Ministério Público abster-se de invocar esta figura jurídica, no âmbito das acusações que vierem a ser deduzidas. Circule-se pelos Senhores Procuradores Gerais Distritais e pela Senhora Directora do Departamento Central de Investigação e Acção Penal. Lisboa, 9 de Janeiro de 2008." (PORTUGAL. Directiva do Procurador Geral da República: Fernando José Matos Pinto Monteiro. 09 de janeiro de 2008. Disponível em <http://www.pgr.pt/portugues/grupo_soltas/actualidades/directivaslei59-2007.pdf> Acesso em 7 abr. 2008).

passou de quarenta dias. DECISÃO: Agravo defensivo provido com o reconhecimento da continuidade delitiva. Por maioria.[222] (grifo nosso)

EMENTA. Crimes contra os costumes. Estupro e atentado violento ao pudor. Existência e autoria dos fatos denunciados comprovadas. Condenação mantida. Incabível a desclassificação perseguida pela defesa: de atentado violento ao pudor para contravenção do art. 65 do LCP. Admitida a continuidade delitiva entre os crimes. Pena reajustada. Parcial provimento do apelo defensivo. Unânime.[223]

Aqui, não se trata de discutir a "ficção jurídica" da figura "crime continuado", tratado seguidamente como forma de atender às "necessidades político-criminais[224] do Estado", bem como os elementos necessários para o seu reconhecimento. Discute-se, sim, sua aplicação para os crimes hediondos.

A discussão acerca do estupro ser, ou não, um crime hediondo já está ultrapassada. Acreditamos que a decisão do Supremo Tribunal Federal veio para dar um ponto final a essa controvérsia.

EMENTA: Penal. Crimes de estupro e de atentado violento ao pudor. Código penal, arts. 213 e 214. Lei 8.072/90, redação da Lei 8.930/94, art. 1º, V e VI. I. – *Os crimes de estupro e de atentado violento ao pudor, tanto nas suas formas simples – Código Penal, arts. 213 e 214 – como nas qualificadas* (Código Penal, art. 223, caput e parágrafo único), *são crimes hediondos.* Leis 8.072/90, redação da Lei 8.930/94, art. 1º, V e VI. II. – H. C. indeferido.[225] (grifo nosso)

---

[222] RIO GRANDE DO SUL. Tribunal de Justiça do Estado. *Agravo Crime nº 70006882997*. Oitava Câmara Criminal, Tribunal de Justiça do RS. Relator: Sylvio Baptista Neto. Julgado em 31 de março de 2004. Disponível em <http://www.tj.rs.gov.br>. Acesso em 15 mar. 2008.

[223] RIO GRANDE DO SUL. Tribunal de Justiça do Estado. *Apelação Crime nº 70022027015*. Quinta Câmara Criminal, Tribunal de Justiça do RS. Relator: Luís Gonzaga da Silva Moura. Julgado em 19 de dezembro de 2007. Disponível em <http://www.tj.rs.gov.br>. Acesso em 15 mar. 2008.

[224] O argumento da política criminal leva à discricionariedade e, muitas vezes, à arbitrariedade. Quais as condições necessárias para que se diga que algo é de política criminal? Qual é a prognose feita pelo Judiciário que possa ser superior a do legislador e que justifique o simples argumento de política criminal em duas palavras sem que o Tribunal especifique o que é política criminal. Nesse ponto é importante chamar à colação Ronald Dworkin, que rejeita argumentos de política exatamente porque podem levar a argumentos de discricionariedade. Segundo Dworkin, argumentos de política seriam com base em fins coletivos, sociais – tal como na tradição utilitarista –, por exemplo, argumentos como "combate à impunidade", "resguardo da moralidade pública", "adequação social da conduta", apenas para citar alguns. Ver DWORKIN, Ronald. *O império do direito*, op. cit.

[225] BRASÍLIA. Supremo Tribunal de Federal. *Habeas Corpus nº 81288/SC*. Segunda Turma. Relator: Ministro Maurício Côrrea. Julgado em 17 de dezembro de 2001. Disponível em <www.stf.gov.br>. Acesso em 15 mar. 2008.

A interpretação que o Supremo Federal deu aos crimes hediondos se mostrou adequada à Constituição. Os argumentos contra ela não se mostraram consistentes porque estão pautados simplesmente em uma discussão de sintaxe, sem nenhuma perquirição acerca daquilo que a hermenêutica chama de diferença ontológica, ou seja, discutiu-se semântica sem entrar no mundo prático.

O ponto em discussão nos permite questionar se a possibilidade de admitir o reconhecimento da continuidade delitiva para delitos considerados hediondos seria constitucionalmente adequada. A partir do momento em que a Constituição, neste novo paradigma que é o Estado Democrático de Direito, coloca-se em uma posição de necessária busca de proteção ativa dos direitos fundamentais, lembrando que estes não se reduzem somente a uma dimensão de não interferência nas garantias individuais frente ao Estado, mas, também, à imposição de tutela como forma de buscar a mais ampla efetivação das garantias fundamentais, devemos, sem sobra de dúvidas, considerar deficiente a proteção imposta pelo Direito Penal nesse caso.

Não podemos olvidar que a Lei dos Crimes Hediondos foi criada para abarcar e, conseqüentemente, punir com mais rigor, os crimes considerados de máxima potencialidade ofensiva. No entanto, a crescente (e correta) preocupação com as garantias individuais acabou atribuindo – incorretamente – aos delitos hediondos praticamente o mesmo tratamento dos demais tipos incriminadores do Código Penal, de modo que, talvez, a única diferença entre ambos seja o início do cumprimento da pena em regime fechado.

4.1.3. *A proibição de proteção deficiente e o mandado de segurança em matéria criminal*

O Superior Tribunal de Justiça e muitos Tribunais do Brasil vêm consolidando entendimento no sentido de que o Ministério Público não é parte legítima para interpor mandado de segurança em matéria criminal. Nesse caso, por exemplo, nas hipóteses indevidas de concessão de liberdade provisória ou progressão de regime, o Ministério Público seria parte ilegítima para buscar o efeito suspensivo do recurso interposto. Assim, não haveria a hipótese de se cassar, em sede de segundo grau, o ato judicial mediante alguma medida acautelatória. Desse modo, eventuais decisões contrárias à lei processual penal – e porque não também à Constituição – ficam imunes aos remédios de urgência, já que, afinal de contas, o agravo em execução não tem caráter suspensivo, além de demorar para ser apreciado em segundo grau.[226]

E esta é a reiterada orientação do Superior Tribunal de Justiça:

> EMENTA. Processual Penal. Agravo em Execução. Efeito. Mandado de segurança para conferir efeito suspensivo. Ministério Público. Ilegitimidade ativa. O agravo em execução, recurso previsto no art. 197 da lei de execução penal, não tem efeito suspensivo, salvo no caso de decisão que determina a desinternação ou liberação de quem cumpre medida de segurança, e tem o seu processamento segundo as normas que regem o recurso em sentido estrito. O Ministério Público, segundo a melhor orientação jurisprudencial, não tem legitimidade para impetrar mandado de segurança para conferir efeito suspensivo ao mencionado recurso, desprovido dessa qualidade, em especial se da pretensão deduzida resulta restrição ao instituto da progressão de regime prisional, de relevância para o processo de ressocialização do condenado a prisão. *Habeas corpus* concedido.[227]

> EMENTA. Criminal. *Habeas Corpus*. Mandado de Segurança contra decisão concessiva de liberdade provisória. Efeito suspensivo ao recurso em sentido estrito. Impropriedade do *mandamus*. Ausência de direito líquido e certo. Ato ilegal passível de recurso ou correição. Constrangimento Ilegal configurado. Ordem concedida. O mandado de segurança não se presta para atribuir efeito suspensivo a recurso em sentido estrito interposto pelo Ministério Público contra decisão que concede liberdade provisória. Precedentes. Não obstante ser cabível a utilização de mandado de segurança na esfera criminal, deve ser observada a presença dos seus requisitos constitucionais autorizadores. Ausente o direito líquido e certo e tratando-se de ato ilegal passível de recurso ou correição, torna-se descabida a via eleita. Ordem concedida para restabelecer a decisão monocrática que deferiu a liberdade provisória do paciente.[228]

> EMENTA. *Habeas Corpus*. Mandado de Segurança. Impetração pelo Ministério Público. Contra decisão concessiva de liberdade provisória. Atribuição de efeito suspensivo a recurso em sentido estrito. Ato Judicial passível de recurso. Incabi-

---

[226] STRECK, Lenio Luiz. *O princípio da proteção de proibição deficiente (Untermassverbot) e o cabimento de mandado de segurança em matéria criminal:* superando o ideário liberal-individualista-clássico. Disponível em <www.leniostreck.com.br>. Acesso em 14 abr. de 2008.

[227] BRASÍLIA. Superior Tribunal de Justiça. *Habeas Corpus nº 6642/SP*. Sexta Turma. Relator: Ministro Vicente Leal. Julgado em 17 de fevereiro de 1998. Disponível em <www.stj.gov.br>. Acesso em 15 mar. 2008.

[228] BRASÍLIA. Superior Tribunal de Justiça. *Habeas Corpus nº 34861/SP*. Quinta Turma. Relator: Ministro Gilson Dipp. Julgado em 22 de fevereiro de 2005. Disponível em <www.stj.gov.br>. Acesso em 15 mar. 2008.

mento. 1. É firme o entendimento jurisprudencial deste superior tribunal de Justiça no sentido de que é incabível mandado de segurança para atribuir efeito suspensivo a recurso em sentido estrito de decisão concessiva de liberdade provisória. 2. Ordem concedida.[229]

Esses, dentre outros acórdãos, fundamentam a questão basicamente da mesma forma e podem ser resumidos pelo voto do Ministro Luís Vicente Cernicchiaro, na decisão do *Habeas Corpus* n° 6466.[230] Eis a argumentação:

> 1. As partes da relação processual vinculam-se ao princípio da igualdade. No campo processual penal, submetidos ao tratamento conferido ao Ministério Público e ao acusado. O Direito, entretanto, não se esgota ao impor a igualdade. *Consagrou-se também o princípio da proporcionalidade; em breve, pode ser enunciado como tratamento igual para os casos iguais e desigual para os desiguais.* 2. Em se projetando esse princípio para o processo penal, cumpre esta observação: o procedimento é escolhido para ensejar à acusação e à defesa desenvolver as respectivas teses. Aí, tem-se a igualdade. E teleologicamente, decorre do princípio da presunção de inocência, impedindo qualquer constrangimento ao exercício do direito de liberdade do réu. 3. Se ocorrer, no curso do processo, qualquer decisão ofensiva a esse direito, o acusado poderá valer-se também das ações constitucionalizadas a fim de preservá-lo imediatamente (não faz sentido o processo visar a garantir o direito de liberdade e transformar-se em causa de agressão). 4. Diferente, porém, quanto ao Ministério Público, restrito ao devido processo legal (Princípio da Legalidade), ou seja, só pode provocar restrição a direito do acusado, nos modos e limites colocados em lei. 5. As situações do agente do Ministério Público e do acusado, quanto ao procedimento, evidenciam o princípio da igualdade. Em se considerando, contudo, a desigualdade, ou seja, somente o acusado corre o risco de restrição ao direito de liberdade, *incide o princípio da proporcionalidade*, voltada para tratamento desigual frente a situações desiguais. Nessa linha, o Ministério Público fica restrito às regras do procedimento. Não poderá valer-se do Mandado de Segurança para, exemplificativamente, obter efeito suspensivo a recurso que não o tenha. É carecedor do direito de ação.

E é assim, também, que tem decidido algumas Câmaras do Tribunal de Justiça do Rio Grande do Sul. Citamos uma para análise:

---

[229] BRASÍLIA. Superior Tribunal de Justiça. *Habeas Corpus n° 45830/SP*. Sexta Turma. Relator: Ministro Hamilton Carvalhido. Julgado em 29 de novembro de 2005. Disponível em <www.stj.gov.br>. Acesso em 15 mar. 2008.

[230] BRASÍLIA. Superior Tribunal de Justiça. *Habeas Corpus n° 6466*. Sexta Turma, Relator Ministro Luís Vicente Cernicchiaro. Julgado em 2 de fevereiro de 1997. Disponível em <http://www.stj.gov.br>. Acesso em 15 abr. 2008.

EMENTA: Mandado de Segurança. Ministério Público. Impetração que busca agregar efeito suspensivo a recurso em sentido estrito interposto contra ordem de liberdade. Impossibilidade. Segurança não conhecida. Unânime.[231]

Argumentou o Relator que o Ministério Público é parte ilegítima para a impetração do Mandado de Segurança, pois estaria "[...] como que criando uma espécie de *habeas corpus* ao contrário".[232] Além disso, diz que

> [...] a liberdade é bem jurídico de primeira magnitude e sua restrição, por ordem do Estado, antes ou mesmo depois do trânsito em julgado de sentença condenatória só se dá nas hipóteses contempladas, forma explícita e expressa, na legislação processual penal [...] a decisão que concede ao preso indulto e ordena sua liberdade, não pode ter seu cumprimento retardado pela oposição de agravo por parte do agente ministerial [...] Assim, da decisão que "... indeferir requerimento de prisão preventiva ou revogá-la, conceder liberdade provisória ou relaxar prisão em flagrante" (inciso V do artigo 581 do Código de Processo Penal) só caberá recurso em sentido estrito, sem efeito suspensivo [...] *Com a devida vênia dos que advogam a tese contrária, o periculum in mora, aqui, só pode prejudicar o preso.* É ele quem sofrerá irreparável dano em seu direito, caso a liberdade determinada seja reafirmada em grau recursal [...] Evidente que mandado de segurança, como instituto jurídico de controle da legalidade e remédio constitucional de combate ao abusos do poder público, não se pode prestar a satisfação de propósitos que são, na verdade, o inverso de sua destinação histórica. (grifo nosso)

Lenio Streck[233] prontamente afasta os argumentos dos que não reconhecem o *periculum in mora*, em sede de Direito Penal, em favor da sociedade. Isso porque, analisando o art. 5°, *caput*, da Cons-

---

[231] RIO GRANDE DO SUL. Tribunal de Justiça do Estado. *Mandado de Segurança n° 70018458505*. Quinta Câmara Criminal, Tribunal de Justiça do RS. Relator Luís Gonzaga da Silva Moura. Julgado em 15 de agosto de 2007. Disponível em <http://www.tj.rs.gov.br>. Acesso em 15 abr. 2008.

[232] Ver, também, RIO GRANDE DO SUL. Tribunal de Justiça do Estado *Mandado de Segurança n° 698223799*, Quinta Câmara Criminal, Tribunal de Justiça do RS, Relator: Luís Gonzaga da Silva Moura, Julgado em 07 de outubro de 1998. "EMENTA: mandado de segurança. Impetração que busca dar efeito suspensivo a recurso interposto contra decisão que ordena a liberdade do acusado. Impossibilidade jurídica do pedido. Não conhecimento". RIO GRANDE DO SUL. Tribunal de Justiça do Estado. *Mandado de Segurança n° 70018458505*, Quinta Câmara Criminal, Tribunal de Justiça do RS, Relator: Luís Gonzaga da Silva Moura, Julgado em 15 de agosto de 2007. "EMENTA: Mandado de Segurança. Ministério Público. Impetração que busca agregar efeito suspensivo a recurso em sentido estrito interposto contra ordem de liberdade. Impossibilidade. Segurança não conhecida. Unânime."

[233] STRECK, Lenio Luiz. *O princípio da proteção de proibição deficiente (Untermassverbot) e o cabimento de mandado de segurança em matéria criminal*, op. cit.

tituição, a segurança[234] (da sociedade) é alçada ao *status* de direito fundamental. A partir disso, podemos concluir com o autor que, sendo uma proteção fundamental, não há dúvida que exista a possibilidade de ocorrer *periculum in mora pro societate* no caso de, por exemplo, evidente erro judicial na soltura ou na progressão de regime menos gravoso de determinados apenados perigosos.[235]

Por isso, conclui Lenio, "[...] a Constituição determina – explícita ou implicitamente – que a proteção dos direitos fundamentais deve ser feita de duas formas: a uma, protege o cidadão *frente ao Estado*; a duas, *através do Estado* – inclusive por intermédio do direito punitivo – uma vez que o cidadão também tem o direito de ver seus direitos fundamentais protegidos, em face da violência de outros indivíduos."

Desse modo, negar ao Ministério Público o direito de impetrar mandado de segurança em matéria criminal é o mesmo que admitir somente o viés positivo do princípio da proporcionalidade, esquecendo, assim, do "outro lado" que é a segurança da sociedade (e, portanto, de toda a coletividade), ficando esta desamparada.

No entanto, embora tal pensamento seja (ainda) o predominante nas práticas jurídicas, algumas decisões[236] do Tribunal de São Paulo vêm chamando a atenção por explicitamente evocar o princípio da proibição de proteção deficiente em sede de mandado de segurança em matéria criminal. É o que retiramos da fundamentação do Desembargador Relator Silveira Lima, sustentado basicamente

---

[234] Também, nesse sentido, ver Ingo Sarlet: "[...] poder-se-ia cogitar um dever geral de proteção decorrente expressamente do artigo 5º, *caput*, da CF, que menciona expressamente o direito à segurança, assim, como a proteção do consumidor na forma da lei (art. 5º, inc. XXXII), do dever de assegurar-se a proteção das participações individuais em obras coletivas (art. 5º, inc. XXVIII). No âmbito dos direitos sociais dos trabalhadores, merecem destaque as normas do art. 7º, inc. X (proteção do salário, na forma da lei), art. 7º, inc. XXVII (proteção legal contra a automação) e art. 7º, inc. XX (proteção do mercado de trabalho da mulher), apenas para que se fique na esfera das hipóteses que de forma mais evidente anunciam deveres expressos de proteção por parte do Estado, por meio de medidas legislativas na esfera dos direitos fundamentais". (SARLET, Ingo Wolfgang. *Direitos Fundamentais e proporcionalidade*, op. cit., p. 145.

[235] Tal questão, podemos dizer, guarda íntima relação com o problema da dispensabilidade dos laudos criminológicos.

[236] Ver, nesse sentido, os Acórdãos nºs 9864413400/SP; 99453600/SP; 10558333100/SP; 10321843000/SP; 10117923100/SP; 8934363900/SP; 10096153500/SP.

na doutrina de Lenio Streck, na ocasião do julgamento do acórdão n° 9941583600.[237]

> Embora em tempo pretérito, comungava da tese da ilegitimidade do Ministério Público para – por meio de mandado de segurança – pleitear efeito suspensivo a agravo em execução, forçoso reconhecer que a situação atual de violência e criminalidade aberrantes, estão a exigir do Poder Judiciário e do próprio Ministério Público, não só a árdua tarefa de velar pelas liberdades negativas, que preconizam a proibição do excesso pelo Estado, mas também franquear, a esse mesmo Estado, os mais amplos mecanismos para proteção do direito à segurança da sociedade, também alçado à categoria de garantia fundamental nos artigos 5o, caput, e 6o, caput, da Carta Magna. *É certo que a orientação proveniente do Colendo Superior Tribunal de Justiça de que o Ministério Público seria carecedor da ação para impetrar mandado de segurança contra a liberdade, leva em consideração uma visão unilateral do princípio da proporcionalidade, qual seja, somente o réu sofreria a constante ameaça de ver seu direito a liberdade ser tolhido*, o que legitimaria o tratamento desigual ao Ministério Público, a fim de dar efetiva aplicação ao princípio da igualdade, segundo à máxima de que "os desiguais devem ser tratados desigualmente, na medida de suas desigualdades". Ocorre que o princípio da proporcionalidade, nos apocalípticos dias atuais, deve ser entendido não só como um preceito monovalente, mas sim, ambivalente [...] O argumento de que o uso do mandado de segurança pelo Ministério Público, afrontaria o princípio da proporcionalidade, deve ser visto com reservas, pois, nessa hipótese, *seria ele (Ministério Público) o próprio Estado manejando remédio constitucional a fim de proteger o direito fundamental à segurança dos demais cidadãos* (artigo 5º, da Constituição Federal), impedindo que indivíduos perniciosos molestem a sociedade. [...] O direito à segurança, seja ela jurídica ou pessoal, consubstancia-se na tranqüilidade que os indivíduos de uma sociedade possuem em exercer as demais garantias fundamentais. Reflete, portanto, se não o principal, um dos mais importantes direitos humanos. Se diferente fosse, *de qual valia seria reconhecer o direito à vida, à liberdade, à igualdade, à propriedade, à integridade física, se o cidadão e, principalmente, o Estado, não possuíssem mecanismos protetivos e garantidores de seu exercício?* Nesse contexto, contra-senso não permitir ao

---

[237] Trata-se de "mandado de segurança, com pedido de liminar, interposto pelo Promotor de Justiça da Comarca de Itapetininga/SP, Dr. A. S. C. V, com fundamento no artigo 5º, inciso LXIX, da Constituição Federal e artigos 1º e s., da Lei nº 1.533/51, combinado como o artigo 32, da Lei nº 8.625/93 (Lei Orgânica do Ministério Público), contra ato do MM. Juiz de Direito da Vara das Execuções Criminais de Itapetininga, ante a r. decisão de fls. 11, proferida nos autos da Execução Penal nº 611.984, que concedeu progressão para o regime semi-aberto ao reeducando R. L., incurso nas sanções do artigo 12 da Lei nº 6.368/76. Irresignado o digno representante do Ministério Público impetrou o *presente mandamus* com pedido liminar." (SÃO PAULO. Tribunal de Justiça de São Paulo. 11ª Câmara do 6º Grupo Criminal. *Mandado de Segurança nº 9941583600*, Relator Silveira Lima, Julgado em 25 de março de 2007. Disponível em <www.tj.sp.gov.br>. Acesso em 15 abr. 2008).

Ministério Público – órgão que tem o dever constitucional de velar pelos interesses sociais –, valer-se do *mandamus* em favor de um direito líquido e certo de todos, ainda mais, na presente hipótese, em que a falta de efeito suspensivo a recurso de agravo, pode ensejar a imediata inserção de condenado perigoso no convívio social. *Em última análise, estaríamos protegendo uma liberdade individual e, simultaneamente, transformando-a numa "arma" contra o cidadão de bem.* Destarte, ante a excepcionalidade e peculiaridade do presente caso, reconhece-se legitimidade ao Ministério Público para atuar em sede de mandado de segurança, registrando-se que a recente decisão do Supremo Tribunal Federal, proferida em sede de controle difuso, acerca da inconstitucionalidade do artigo 2º, § 1º, da Lei nº 8.072/90, não tem eficácia *erga omnes*, permanecendo válida e aplicável, para aqueles que, como nós, entende-a constitucional. Dessa forma, constatada a ilegalidade da decisão que concedeu a progressão de regime ao reeducando R. L., o direito líquido e certo, consubstanciado em sentença condenatória transitada em julgado (título executivo judicial) e o risco de prejuízo irreparável para a sociedade, de rigor amparar o pleito Ministerial. Nesse diapasão, "O Colendo STF e o Egrégio TJSP têm admitido mandado de segurança contra ato judicial, no âmbito criminal, impetrado pelo Ministério Público, como parte na relação jurídica processual, inclusive para pleitear a concessão de efeito suspensivo a recurso interposto por ele, uma vez que a impetração figura no rol das atribuições do Ministério Público, nos termos do artigo 39, V, da Lei Orgânica dessa Instituição (Lei Complementar 304, de 28.12.82 – RT 644/337 e RJTJSP 91/486 e 97/541). Este E. Tribunal de Alçada Criminal, por suas 8a e 9a Câmaras, também admitiu a concessão de mandado de segurança impetrado pelo Ministério Público para dar efeito suspensivo a agravo em execução penal (RT 635/376 e 634/296). É admissível, portanto, agasalhar-se mandado de segurança, em caso excepcional, com objetivo de se atribuir efeito suspensivo ao agravo previsto pelo artigo 197 da LEP, quando se fazem presentes o *fumus bani júris* e *opericulum in mora*. Conhece-se, assim, da impetração" (TACRIM-SB7- *pC* – Rei. Sérgio Pitombo – RT 668/285). E ai "De se conceder mandado de segurança para dar efeito suspensivo a agravo interposto pelo Ministério Público com o objetivo de cassar a decisão que concedeu regime prisional aberto ao condenado para início do cumprimento da pena com alteração da parte dispositiva da sentença de mérito, por vislumbrada a possibilidade de acolhimento do recurso ante a violação da regra da imutabilidade e irrevogabilidade da decisão após sua publicação" (TACRIM-SP – MS – Rei. Régio Barbosa – RT 635/376).Ante o exposto, concede-se a segurança para que se suspenda os efeitos da r. decisão que progrediu o reeducando R. L. para o regime semi-aberto, até julgamento do agravo em execução interposto pela ilustre Promotoria de Justiça da Comarca de Itapetininga, nos termos do v. Acórdão, ratificada a liminar concedida. (grifo nosso)

Tem-se, assim, que o dever de proteção abarca *também o processo penal*, isto é, não está presente só no Direito Penal. Nessa linha, outro exemplo que merece nossas considerações, e que analisaremos mais adiante, é o caso da dispensa dos laudos criminológicos para a progressão de regime.

4.1.4. O indulto e a possibilidade de sindicabilidade constitucional

Aqui temos uma situação interessante, uma vez que, mesmo sem explicitar a utilização do princípio da proibição de proteção deficiente, o Supremo Tribunal Federal decidiu declarar inconstitucional o indulto para a hipótese de crimes hediondos, ou melhor dizendo, a contrário sensu, reconheceu a constitucionalidade da *exclusão* do indulto em relação aos autores desses crimes.

> EMENTA: Direito Constitucional, Penal e Processual Penal. Indulto, anistia, graça e comutação de penas. *Exclusão dos benefícios, em relação aos autores de crimes hediondos* (art. 2º, inc. I, da lei nº 8.072, de 26.07.1990, modificada pela lei nº 2.365, de 05.11.1997, art. 8º, inciso II: legalidade. "habeas corpus". 1. O Plenário do Supremo Tribunal Federal firma entendimento no sentido da constitucionalidade do inciso I do art. 2º da Lei nº 8.072, de 26.07.1990 (modificada pela Lei nº 8.930, de 06.09.1994), na parte em que considera insuscetíveis de indulto (tanto quanto de anistia e graça), os crimes hediondos por ela definidos, entre os quais o de latrocínio, pelo qual foi condenado o paciente. 2. E também no sentido da legalidade do inciso II do Decreto nº 2.365, de 05.11.1997, que exclui dos benefícios, por ele instituídos (indulto e comutação de pena), "os condenados por crimes hediondos definidos" na mesma legislação. 3. É firme, igualmente, por outro lado, a jurisprudência da Corte, no Plenário e nas Turmas, considerando válidos Decretos de indulto coletivo, que beneficiam indeterminadamente os condenados por certos delitos e não os condenados por outros, conforme critérios razoáveis de polícia criminal do Presidente da República (Plenário: "H.C". nº 74.132). 4. "Habeas Corpus" indeferido, por maioria, nos termos do voto do Relator.[238] (grifo nosso).

Tal questão foi objeto de inúmeros *habeas corpus* dirigidos ao Supremo Tribunal, isso porque a Constituição Federal em seu artigo 5º, XLIII, não veda expressamente a concessão do indulto para os crimes hediondos, fazendo tal referência somente à fiança, graça ou anistia, e, ainda, o art. 2º da Lei 8.072/1990 que autoriza a concessão do benefício, nos termos do inciso "I" do referido artigo.

Notadamente, toda a discussão girou em torno das palavras "graça" e "indulto" (perdão coletivo), sendo a primeira interpretada como espécie de indulto individual. É o que podemos depre-

---
[238] BRASÍLIA. Supremo Tribunal Federal. *Habeas Corpus nº 77528/SP*. Tribunal Pleno. Relator Ministro Sydney Sanches, Julgado em 18 de fevereiro de 1999. Disponível em <www.stf.gov.br>. Acesso em 19 abr. 2008.

ender da fundamentação do voto do Ministro Marco Aurélio que, inclusive, proferiu o voto favorável à manutenção do decreto que concedeu o indulto.

> [...] ocorre que nos vem da Lei Maior, que é a Constituição Federal, preceito realmente restritivo de direitos. Refiro-me ao inciso XLIII do art. 5º da Carta de 1988. Neste dispositivo tem-se balizamento direcionado ao legislador ordinário, o que, ao meu ver, torna o inciso I do art. 2º da Lei 807/90 com ele conflitante:a lei considerará crimes inafiançáveis e insuscetíveis de graça ou anistia – *não há referência a essa terceira espécie de benefício, que é o indulto, já que não se confundem graça e indulto – a graça é provocada pelo possível beneficiário e, portanto, depende da iniciativa do condenado e também é de natureza individual, enquanto o indulto também depende dessa provocação, e é um instituto coletivo* – a prática de tortura, o tráfico ilícito de entorpecentes e drogas afins, o terrorismo e os definidos como crimes hediondos, por eles respondendo os mandantes, os executores e os que, podendo evitá-los, omitiram-se [...] se a restrição constitucional, como disse, a nortear o procedimento do legislador ordinário,está restrita à fiança, à graça e à anistia, não tenho como placitar ato do Executivo, muito embora formalizado a partir da Lei nº 8072/90, que acabou por "inserir" – entre aspas porque não admito essa inserção – no inciso XLIII restrição nele não inserta. Peço vênia para conceder a ordem, parcialmente, a fim de, declarada a inconstitucionalidade do preceito do decreto que afasta do benefício do indulto aqueles condenados por crimes hediondos também a inconstitucionalidade do inciso I do art. 2º d Lei 8072/90, do vocábulo "indulto", determinar que se aprecie o atendimento, portanto, pelo Paciente, dos demais requisitos previstos no decreto. (grifo nosso)

Mais uma vez, os aplicadores da lei pensa(ra)m estar diante de uma problemática de sintaxe, muito embora tenha restado constitucionalmente adequada a solução final. Pensamos que a solução já estava evidente para aqueles que analisaram o caso, mas acreditamos que para estes fosse soar incômodo somente declarar a constitucionalidade com fundamento em uma interpretação conforme.

Trazemos à colação, respectivamente, os votos do Relator Sydney Sanches e do Ministro Sepúlveda Pertence.

> [...] se a Constituição não tolera que qualquer indivíduo que haja praticado crime legalmente considerado hediondo, seja contemplado com a graça (indulto individual), não há de tolerar que o mesmo indivíduo seja beneficiado mediante o expediente do indulto coletivo. *Aliás, o termo indulto é usado no art. 84, XII, da Constituição Federal, no sentido amplo, de modo a abranger o indulto individual (graça) e o coletivo.* E não teria sentido, "data venia", interpretação que pusesse em conflito duas normas da Constituição: a do inciso XLIII do art. 5º, que proíbe a graça (indulto individual), nos casos de crimes hediondos definidos em lei, e a do inciso XII do art. 84º que atribui poder ao Presidente da República para conceder

indulto (individual e coletivo), sem fazer distinção quantos aos crimes praticados. Se é possível uma harmonização das normas constitucionais, não é o caso de se reconhecer inconstitucionalidade de lei, que respeite a interpretação de uma delas, e não entre em conflito com a interpretação da outra [...] concluo pela constitucionalidade da expressão "e indulto" contida no inciso I do art. 2º da Lei 8.072, de 25.07.1990 [...] indefiro o pedido de *Habeas Corpus*. (grifo nosso).

[...] é obvio que a lei não poderia restringir o poder constitucional da graça do Presidente da República. Só a Constituição o poderia. E o fez no art. 5º, XLIII [...] daí desconsiderar de todo irrelevante que, além da alusão à graça, contida na Constituição, a Lei 8072, em mais uma de suas rombudas impropriedades técnicas, haja aludido à graça e ao indulto. Não gosto de interpretar a Constituição conforme a lei, muito menos conforme a Lei Hedionda. Essa última é então duplamente irrelevante: primeiro, porque efetivamente só a Constituição poderia limitar o poder presidencial de graça; segundo, porque nada acrescentou à Constituição. É só comparar esse XII do art. 84, para ver que, no art. 84, e todo o conjunto do rol de atribuições presidenciais, não há alusão à graça, mas apenas ao indulto e à comutação das penas. O que deixa claro que, usada a expressão "graça" outro preceito da Constituição, nele se hão de compreender, tanto o indulto quanto a comutação da pena a que alude o art. 84, XII, para confiá-los à competência do presidente da República. Desse modo, fico apenas na Constituição *e entendo que, no art. 5º, XLIII, a referência à graça, que abrange não só o indulto como a comutação de penas individuais, mas também o indulto coletivo, que é também modalidade do poder de graça, que se pode exercer* – como é usual – pela fixação de critérios gerais para a extinção ou comutação parcial de penas [...] acompanho o eminente Relator para indeferir a ordem. (grifo nosso)

Nota-se, em ambos os votos, que a questão passou longe de uma declaração de inconstitucionalidade em razão de o benefício, concedido nesses termos, ferir frontalmente as garantias fundamentais a partir de uma visão do contexto constitucional, no sentido de que a Constituição pode e, mais do que isso, *deve proteger suficientemente os direitos fundamentais da coletividade*. Por outro lado, discutiu-se somente o *termo* indulto e sua interpretação no art. 5º, XLIII, e art. 84º, XII, da Constituição.

Já é praxe a mera discussão de conceitos, como se estes pudessem, de alguma forma, "carregar" toda a problemática do caso concreto. Daí é que, se todos concordassem com o mesmo "sentido atribuído"[239] à palavra "graça" e "indulto", a questão se resolveria por si só. No entanto, na medida em que a realidade é mais complexa que a "análise sintática", parece inexorável que outros

---
[239] Como se o sentido estivesse na mente do intérprete.

problemas surjam, bastando que os interlocutores discordem de algum outro significado em alguma outra palavra.

Em importante decisão,[240] a Suprema Corte Argentina declarou inconstitucional, por maioria de votos,[241] o indulto[242] concedido ao ex-general Jorge Videla,[243] ex-chefe da primeira Junta Militar, ao ex-almirante Emilio Massera e aos demais responsáveis[244] pelos horrores da ditadura militar entre os anos 1976 e 1983, entre eles o general Santiago Riberos.[245] Foi em 1990 que o então presidente Carlos Menem outorgou o segundo indulto que os colocou em

---

[240] Processos números 2333. XLII; 2334. XLII e 2335. XLII da Suprema Corte Argentina. Disponível em <http://www.csjn.gov.ar/>. Acesso em 7 mar. 2008.

[241] A favor da inconstitucionalidade do indulto votaram os Ministros Ricardo Lorenzetti, Juan Maqueda, Eugênio Zaffaroni e a Ministra Helena Highton de Nolasco; contra, o Ministro Carlos Fayt e a Ministra Carmen Argibay. O Ministro Enrique Petracchi se absteve. O voto da Ministra Carmen Argibay foi contrário à inconstitucionalidade do indulto. Argumentou que já havia coisa julgada, explicando que, em que pese o indulto concedido seja contrário à Constituição, a própria Corte, 17 anos atrás, o legitimou. Carlos Fayt, por sua vez, disse que não se pode aplicar retroativamente a Convenção sobre imprescritibilidade de delitos que lesam a humanidade, aprovada na Argentina em 1995, muito depois dos anos 70. Os crimes só podem ser considerados imprescritíveis a partir de 95 em diante, não se podendo aplicar a Convenção para crimes anteriores. Além disso, afirma que já houve coisa julgada e que permitir um novo julgamento afeta a segurança jurídica e os direitos individuais. Por fim, refere que "determinar el valor de las garantías constitucionales según los resultados a los que conduciría su respeto, implica la consagración de un verdadero derecho penal del enemigo – Feindstrafrecht según la terminología utilizada por el profesor G. Jakobs – conforme el cual se admite la derogación de garantías fundamentales del Estado de Derecho para determinados casos considerados de gravedad".

[242] No Brasil, esta figura jurídica corresponde à anistia, somente utilizada para os crimes políticos. O indulto, por sua vez, diz respeito aos crimes comuns.

[243] Na ocasião de sua saída da prisão declarou "no basta con indultarnos y ponernos en libertad. La sociedad Argentina está en deuda con nosotros. Para empezar, debe pedirnos perdón y proceder a la restitución de todos nuestros grados y honores [...] en cuanto a las acusaciones que tuvimos que soportar de torturas y similares, fueron acusaciones injustas. Todos sabemos que incluso en estos mismos momentos se está torturando en las comisarías argentinas. Porque, como todo el mundo sabe, sin ese requisito no hay investigación seria que pueda progresar". (PRUDENCIO GARCÍA. Argentina derriba la última berrera. *El País*. España. miércoles 18 de Julio de 2007, p. 11-12.)

[244] Entre eles, os membros das Juntas Militares Roberto Viola, Orlando Agosti y Armando Lambruschini (já falecidos).

[245] Chefe militar que recebeu o primeiro indulto em outubro de 1989, logo após o acesso de Carlos Menen ao poder.

liberdade,[246] após terem sido responsabilizados pelos milhares de seqüestros, torturas e assassinatos na Argentina.

Em suma, a decisão, datada do dia 13 de julho de 2007, pontuou que os delitos que lesam a humanidade, por sua gravidade, não podem ser objeto de indulto, porque não só ferem a Constituição, mas, também, toda a comunidade internacional, cabendo aos Estados identificar e sancionar os culpados por esses crimes contra a humanidade, incluindo como tais o genocídio, os seqüestros, a tortura e o desaparecimento de pessoas. Reiterou que os tratados internacionais de direitos humanos possuem uma hierarquia constitucional e que a jurisprudência oriunda das cortes internacionais devem servir como guia para as interpretações dos tribunais. A decisão também lembrou que os crimes contra a humanidade são imprescritíveis e não podem ser objeto de anistia conforme a jurisprudência da Corte Interamericana de Direitos Humanos.

Importante, ademais, destacar alguns trechos da decisão:

> *Señaló la preexistencia – y preeminencia – de los fundamentales derechos del hombre sobre la conformación del Estado.* Concluyó que todos estos derechos son una emanación del concepto de vida y resultan por tanto inherentes al ser humano, y que la expectativa de goce y la obligación de los Estados de garantir su plena vigencia nace con la persona misma, y que por ello la introducción expresa de los pactos y convenciones incorporados en el marco del art. 75, inc. 22 de la Carta Magna, no puede ser considerado como el producto de un acordar o un otorgar, sino como un reconocimiento de derechos y libertades fundamentales cuyo origen es el del propio ser humano. [...] Esta necesaria protección de los derechos humanos, a la que se han comprometido los Estados de la comunidad universal, no se sustenta en ninguna teoría jurídica excluyente. En realidad, sus postulados sostienen que hay principios que determinan la justicia de las instituciones sociales y establecen parámetros de virtud personal que son universalmente válidos, independientemente de su reconocimiento efectivo por ciertos órganos o individuos, lo cual no implica optar por excluyentes visiones iusnaturalistas o positivistas. La universalidad de tales derechos no depende pues de un sistema positivo o de su sustento en un derecho natural fuera del derecho positivo (conf. Carlos Santiago Nino, Ética y derechos humanos. Un ensayo de fundamentación, Buenos Aires, Ed. Paidós, 1984, pág. 24). *Que, por consiguiente, la consagración positiva del derecho de gentes en la Constitución Nacional permite considerar que existe un sistema de protección de derechos que resulta obligatorio independientemente del consentimiento expreso de las naciones que las vincula y que es conocido actualmente dentro de este proceso evolutivo como ius cogens.* Se trata de la más

---

[246] Após a concessão do indulto, Videla ficou em situação de prisão domiciliar, pois cometeu diversos delitos que não se encontravam cobertos pelo indulto.

alta fuente del derecho internacional que se impone a los Estados y que prohíbe la comisión de crímenes contra la humanidad, incluso en épocas de guerra [...] Que, en consecuencia, de aquellas consideraciones surge que *los Estados Nacionales tienen la obligación de evitar la impunidad.* La Corte Interamericana ha definido a la impunidad como "la falta en su conjunto de investigación, persecución, captura, enjuiciamiento y condena de los responsables de las violaciones de los derechos protegidos por la Convención Americana" y ha señalado que *"el Estado tiene la obligación de combatir tal situación por todos los medios legales disponibles ya que la impunidad propicia la repetición crónica de las violaciones de derechos humanos y la total indefensión de las víctimas y sus familiares"* [...] *Que lo cierto es que los delitos que implican una violación de los más elementales principios de convivencia humana civilizada, quedan inmunizados de decisiones discrecionales de cualquiera de los poderes del Estado que diluyan los efectivos remedios de los que debe disponer el Estado para obtener el castigo.* (grifo nosso).

Assim, a Corte acabou por reconhecer o dever de proteção, não só por parte do Estado, *mas também por parte de toda a comunidade internacional*. Todos os Estados têm a obrigação de proteger os direitos fundamentais da forma mais plena e efetiva possível.

Com isso, fica claro, também, que se trata de *um mito afirmar que o dever de proteção e a conseqüente declaração de inconstitucionalidade de leis que protegem de modo deficiente os direitos fundamentais ferem o princípio da legalidade*. Nem mesmo o dogma da coisa julgada sobreviveu a uma análise sobre o prisma da inconstitucionalidade por proibição de proteção deficiente. A decisão da Suprema Corte Argentina é uma prova inequívoca da supremacia constitucional frente a essas teses. E veja-se que um dos firmatários da decisão foi um jusfilósofo com conhecida e histórica filiação ao "garantismo negativo": Eugênio Raúl Zaffaroni.

4.2. Análise das leis que não respeitam o princípio da proibição de proteção deficiente: a atuação do legislador

4.2.1. A dispensa do laudo criminológico para a progressão de regime prisional

Com o advento da Lei 10.792/03 foi alterado o requisito para a progressão de regime prisional. Antes, o art. 112 da Lei 7.210/84 exigia que a progressão se desse somente após uma decisão motivada do juiz, precedida de um Parecer da Comissão Técnica de Classificação e do exame criminológico, além do requisito objetivo referente ao tempo de cumprimento de pena no regime anterior mais gravoso.

A modificação trouxe a possibilidade de dispensa da realização do exame criminológico, bastando, agora, que o réu cumpra o requisito objetivo e obtenha um atestado de bom comportamento emitido pelo diretor do estabelecimento carcerário.

A inconstitucionalidade de tal dispositivo foi argüida por Lenio Streck, que na ocasião sustentou a ofensa ao princípio da reserva legal de jurisdição. Ou seja, *cabe apenas aos Juízes e Tribunais de Justiça exercer a jurisdição em sede de execução criminal*.[247] Ocorre que "[...] a alteração legislativa acabou por transformar o juiz das execuções em mero homologador de laudos – visto que lhe basta verificar o requisito objetivo (tempo) e a existência de atestados de boa conduta carcerária (sic!) –, violando o princípio da reserva de jurisdição". Isto é, "[...] a nova legislação, ao vincular o juiz aos atestados do diretor do estabelecimento penitenciário, acaba por 'administrativar' a execução, colidindo assim com o próprio sistema da LEP que é judicializado".[248]

Da mesma forma, sustenta Ingo Sarlet que[249]

[...] o implemento do prazo previsto na Lei de Execuções Penais (aplicável também aos crimes hediondos, em face da ausência – hoje suprida – de regulação específica para tais delitos) *não gera para o Magistrado o dever de conceder a progressão, visto que não apenas podem como devem (!) ser considerados outros critérios, como, por exemplo, a exigência de laudo técnico apto a balizar uma decisão judicial a partir de critérios de ordem subjetiva, que não podem ser substituídos por simples atestado de conduta do administrador.* Aliás, precisamente por tal razão é que já houve quem sustentasse (com razão, no nosso sentir) a substancial inconstitucionalidade da supressão da exigência de laudo técnico (exame criminológico) pela Lei nº 10.792/03 para fins de concessão de benefícios (especialmente

---

[247] Art. 2º, da Lei de Execução Penal – 7.210/84: "a jurisdição penal dos Juízes ou Tribunais da Justiça ordinária, em todo o Território Nacional, será exercida, no processo de execução, na conformidade desta Lei e do Código de Processo Penal".

[248] Parecer do Procurador Lenio Luiz Streck em sede de *Agravo em Execução nº 70008229775*. Disponível em <http://www.mp.rs.gov.br/areas/atuacaomp/anexos_noticias/representacaopgr.doc>. Acesso em 15 abr. 2008.

[249] SARLET, Ingo Wolfgang. *Direitos Fundamentais e proporcionalidade*, op. cit., p. 139-161.

a progressão de regime e livramento condicional), pois a não-exigência do laudo – ainda mais se generalizada – poderia significar uma violação das exigências da proibição de insuficiência[250] e a possibilidade (e é no fundo isto o que a proporcionalidade na sua dupla dimensão exige) de ponderação das circunstâncias do caso concreto para obtenção do resultado mais justo e coerente com o sistema jurídico-constitucional. (grifo nosso)

E esta vem sendo a orientação do Supremo Tribunal Federal e do Superior Tribunal de Justiça, respectivamente:

EMENTA: Agravo de Instrumento – Matéria Criminal – Crime hediondo ou delito a este equiparado – imposição de regime integralmente fechado – inconstitucionalidade do § 1º do art. 2º da lei nº 8.072/90 – progressão de regime – admissibilidade – exigência, contudo, de prévio controle dos demais requisitos, objetivos e subjetivos, a ser exercido pelo juízo da execução (LEP, art. 66, III, "b") – *reconhecimento, ainda, da possibilidade de o juiz da execução ordenar, mediante decisão fundamentada, a realização de exame criminológico* – importância do mencionado exame na aferição da personalidade e do grau de periculosidade do sentenciado (RT 613/278) – edição da Lei nº 10.792/2003, que deu nova redação ao art. 112 da LEP – *diploma legislativo que, embora omitindo qualquer referência ao exame criminológico, não lhe veda a realização, sempre que julgada necessária pelo magistrado competente – conseqüente legitimidade jurídica da adoção, pelo Poder Judiciário, do exame criminológico* (RT 832/676 – RT 836/535 – RT 837/568) – precedentes – embargos de declaração opostos com fundamento em superveniente alteração da jurisprudência do Supremo Tribunal Federal – circunstância excepcional que torna acolhíveis os embargos de declaração, não obstante o seu caráter infringente, considerado o altíssimo valor do bem jurídico tutelado (o direito de liberdade do condenado) – embargos de declaração recebidos.[251] (grifo nosso)

EMENTA: *Habeas Corpus.* Progressão ao regime semi-aberto concedida pelo juízo das execuções criminais. Agravo em execução ajuizado pelo Ministério Público. Necessidade de submissão do paciente ao exame criminológico reconhecida pelo Tribunal a *quo.* Especificidade demonstrada. Possibilidade. Ordem denegada. 1. O art. 112 da Lei de Execução Penal, alterado pela Lei nº10.792/2003, estabelece que o sentenciado que cumprir 1/6 (um sexto) da pena no regime anterior e apresentar bom comportamento carcerário, comprovado por atestado emitido pelo diretor do estabelecimento prisional, terá direito à progressão prisional. 2. *Não obstante o mérito do sentenciado ter sido reconhecido favorável pelo Juízo das Execuções Criminais, a prescindibilidade de sujeição do paciente à inspeção técnica pode ser afastada pela Corte de origem, em decisão fundamentada com*

---

[250] Cf., por exemplo, na esteira da tese sustentada por Lenio Streck (que chegou a propor incidente de inconstitucionalidade no TJRS), a doutrina de Luciano Feldens, *A Constituição Penal,* op. cit., p. 202-203.

[251] BRASÍLIA. Supremo Tribunal Federal. *Embargos de Declaração nº 550735.* Segunda Turma. Relator Ministro Celso de Mello, Julgado em 19 de fevereiro de 2008. Disponível em <www.stf.gov.br>. Acesso em 13 abr. 2008.

base nas peculiaridades do caso concreto, em que se demonstra a necessidade de uma análise pormenorizada acerca do preenchimento do requisito subjetivo pelo sentenciado. 3. Ordem denegada para manter a decisão do Tribunal a quo, que, em sede de agravo em execução, cassou a progressão ao regime semi-aberto concedida ao paciente pelo Juízo de Primeiro Grau.[252] (grifo nosso)

O mesmo posicionamento tem sido adotado por alguns órgãos fracionários do Tribunal de Justiça do RS, *in verbis*:

EMENTA: Execução. Progressão de regime. Laudos psicológicos. Uso. Possibilidade. Ausência do requisito subjetivo. Negativa mantida. I – *O acolhimento das avaliações psicológicas para os efeitos de se apurar o requisito subjetivo do apenado que pleiteia a progressão passou a ser aceito pelos Tribunais, em particular pelo Superior Tribunal de Justiça que, temperando a interpretação anteriormente, vem afirmando que mesmo com a nova redação do art. 112 da LEP, é admissível a realização de exame criminológico ou psicológico, caso se repute necessário, cujas conclusões podem embasar a decisão do Juiz ou do Tribunal no momento da avaliação do mérito subjetivo do apenado.* II – O indeferimento ao benefício se mostrou correto, pois, como afirmou o Magistrado: Inobstante o apenado preencha o requisito objetivo necessário para instrução do pedido de progressão de regime, não se verifica satisfeito o requisito subjetivo, conforme avaliação psicológica (fls. 84/85), a qual informa que, *in verbis*: Insta salientar que o apenado cumpre uma pena alta (nove anos, iniciada em abril de 2006), por delitos graves, daí a importância de analisar-se com atenção e cautela o parecer psicológico. DECISÃO: Agravo defensivo desprovido. Unânime.[253] (grifo nosso)

Rebeldes a isso a Quinta e a Sexta Câmara do Tribunal de Justiça do Rio Grande do Sul continuam a fazer interpretação "tábula rasa" do art. 112, isto é, *mesmo contra a orientação do Supremo Tribunal Federal*, continuam decidindo pela absoluta inexigibilidade dos laudos.

Por todos,

EMENTA: Execução Penal. Progressão de regime carcerário. Requisitos: bom comportamento carcerário e cumprimento de 1/6 da pena. *A exigência de avaliações do apenado (laudos psicológicos e sociais, exames criminológicos, etc) esbarra na legalidade: preciosa garantia do cidadão, princípio basilar do Estado*

---

[252] BRASÍLIA. Superior Tribunal de Justiça. *Habeas Corpus nº 2008/0005008-2*. Quinta Turma. Relator Ministro Jorge Mussi, Julgado em 17 de abril de 2008. Disponível em <www.stj.gov.br>. Acesso em 19 jun. 2008.

[253] RIO GRANDE DO SUL. Tribunal de Justiça do Estado. *Agravo nº 70023557754*. Sétima Câmara Criminal, Tribunal de Justiça do RS. Relator Sylvio Baptista Neto. Julgado em 10 de abril de 2008. Disponível em <http://www.tj.rs.gov.br>. Acesso em 19 jun. 2008.

Democrático de Direito (art. 5º, II, da Constituição da República). Agravo defensivo provido (unânime).[254] (grifo nosso)

EMENTA: Agravo em execução. Laudos. Exames. Progressão de regime. Crimes hediondos. Artigo 112 da LEP. Lei nº 10.792/03. Lei nº 11.464/07. Irretroatividade da lei mais severa. 1. Com o advento da lei nº 10.793/03, que deu nova redação ao artigo 112 da Lei de Execuções Penais, *resta afastada a produção de laudos para aferição do elemento subjetivo. Tal requisito restou eliminado.* Portanto, implementados os requisitos objetivo (lapso temporal) e subjetivo (atestado de boa conduta carcerária), há que ser mantida a progressão de regime [...][255] (grifo nosso)

O nosso sistema Constitucional impõe que o legislador produza leis que venham proteger os direitos fundamentais, ao passo que este não tem liberdade de conformação para descriminalizar e criminalizar livremente, devendo, sim, atender a devida proporcionalidade no que diz respeito à proibição de excesso e à proibição de proteção deficiente. No caso em tela, o legislador – e o Estado – *protegeram de forma insuficiente o bem jurídico*, causando uma inconstitucionalidade por omissão em seu dever protetivo.

O Estado não poderia, sem uma devida prognose, suprimir a necessidade dos laudos criminológicos, pois tais exames possibilita(va)m um controle daqueles criminosos que seriam beneficiados com um regime menos gravoso de cumprimento de pena e, conseqüentemente, passariam a conviver em sociedade.

Embora a argüição de inconstitucionalidade não tenha sido expressamente acolhida, o Supremo Tribunal e alguns Tribunais vêm adotando uma interpretação[256] conforme a Constituição, deci-

---

[254] RIO GRANDE DO SUL. Tribunal de Justiça do Estado. *Agravo nº 70023451107*. Quinta Câmara Criminal, Tribunal de Justiça do RS. Relator Amilton Bueno de Carvalho. Julgado em 16 abril de 2008. Disponível em <http://www.tj.rs.gov.br>. Acesso em 19 jun. 2008.

[255] RIO GRANDE DO SUL. Tribunal de Justiça do Estado. *Agravo nº 70023824113*. Sexta Câmara Criminal, Tribunal de Justiça do RS. Relator Nereu José Giacomolli. Julgado em 08 de maio de 2008. Disponível em <http://www.tj.rs.gov.br>. Acesso em 19 jun. 2008.

[256] Nesse sentido é a decisão da Terceira Câmara Criminal do Tribunal de Justiça do Rio Grande do Sul, nas palavras do Relator Danúbio Edon Franco: "relativamente à aduzida inconstitucionalidade da Lei nº 10.792/03, em especial quanto à inclusão do § 2º do art. 112 da LEP, *entendo que a questão deve ser solvida por meio da hermenêutica constitucional, adotado o método da 'interpretação conforme', de modo a remeter a apontada norma aos limites traçados pela carta política*. Com efeito, a reforma do supracitado dispositivo, a rigor, não eliminou o requisito subjetivo, representado, agora, pelo atestado de conduta carcerária. Ademais, mesmo diante de tal documento,

dindo que o exame – laudo – criminológico pode ser realizado, se o Juízo das Execuções ou o membro do Ministério Público, diante do caso concreto, entender necessário, servindo de base para o deferimento ou indeferimento do pedido de progressão de regime.

4.2.2. A inconstitucionalidade da ação penal nos crimes de estupro e atentado violento ao pudor

De acordo com o art. 225 do Código Penal, os delitos de estupro e atentado violento ao pudor serão, regra geral, de iniciativa privada. Se a vítima for pobre ou se o crime for cometido com abuso do pátrio poder, ou da qualidade de padrasto, tutor ou curador, a ação será pública (sendo condicionada à representação no primeiro caso). Na hipótese de "violência real", entendem os tribunais (mormente com Súmula 608 do STF) que a ação será pública incondicionada. Desse modo, o Código Penal acaba colocando a ação penal pública incondicionada como exceção no caso de delitos sexuais.

Diante disso, devemos questionar se o advento da Constituição de 1988 não tornou tal artigo do Código Penal incompatível com a necessária e obrigatória proteção aos direitos fundamentais. Ou, ainda, se a partir da Lei dos Crimes Hediondos é exigível a ação privada para iniciar a persecução penal. Não seria por demais irrazoável e desproporcional iniciarmos um processo por fato hediondo por meio de uma ação privada ou condicionada à representação? Tal questão merece uma análise constitucional.

Com efeito, um crime só passa a fazer parte do rol dos hediondos quando configura grave lesão a bens jurídicos fundamentais, merecendo, portanto, um maior cuidado/proteção por parte do Estado. Dessa forma, *como permitir que crimes desse porte só sejam processados mediante manifestação do ofendido?* Parece razoável admitir, aqui, que, a partir do momento em que os crimes sexuais

---

nada há que impeça o julgador, insatisfeito com os dados de que disponha sobre o apenado, de determinar a realização de perícia que aquilate a sua evolução e estado psicológico antes de apreciar pedido de algum dos benefícios da execução. Nessa linha, remanescem incólumes e com plena eficácia os princípios constitucionais da proporcionalidade, isonomia ou da reserva legal". (grifo nosso) (RIO GRANDE DO SUL. Tribunal de Justiça do Estado. *Agravo em Execução nº 70010476992*, Terceira Câmara Criminal, Tribunal de Justiça do RS, Relator: Danúbio Edon Franco, julgado em 03 de março de 2005. Disponível em <www.tj.rs.gov.br> Acesso em 15 abr. 2008.)

passam a figurar como hediondos – através de autorização constitucional –, passa a ser, também, incompatível a aplicação do art. 225 do Código Penal, sob pena de incostitucionalidade.

Admitir a aplicação do referido dispositivo é retornar ao velho paradigma liberal-individualista, cujas idéias serviram de inspiração ao Código Penal de 1940. Fruto de uma sociedade patriarcal, preocupada muito mais em proteger bens patrimoniais do que pessoais, o Diploma Penal classifica até hoje os crimes sexuais como crimes contra os costumes, situação que vai *de encontro* ao paradigma do Estado Democrático de Direito. Indiscutivelmente, os crimes sexuais deveriam figurar no rol dos crimes contra a pessoa, sobretudo porque afrontam a dignidade humana, além, é claro, da questão da preservação da integridade corporal.[257]

A Constituição de 1988 trouxe duas substanciais alterações, que deveriam produzir sensíveis alterações no modo de interpretar os crimes sexuais. A primeira delas é a previsão constitucional dos crimes hediondos, que alcançou os crimes de estupro e atentado violento ao pudor, de acordo com a Lei nº 8.072/90, em seu artigo 1º, V, VI; a segunda, a previsão do legislador constituinte de delegar ao Ministério Público a privatividade da ação penal pública, sem fazer qualquer exceção à ação penal pública condicionada à representação. Para Lenio Streck[258] "tal questão viola o princípio da proporcionalidade, aplicável à espécie para proteger a dignidade da mulher. Com efeito, os fins da norma penal – redefinidos pela Lei dos Crimes Hediondos – são punir/reprimir com veemência os delitos sexuais, parece desarrazoado sustentar que os meios para tal dependam de norma procedimental absolutamente incompatível com a Constituição".[259]

---

[257] Ver, para tanto, STRECK, Lenio Luiz. O senso comum teórico e a violência contra a mulher: desvelando a razão cínica do direito em *terra braslis* In: *Revista brasileira de direito de família*. Porto Alegre: Síntese, IBDFAM, v. 1, n. 1, abr./jun., 1999, p. 139-161.

[258] Idem, *Constituição e bem jurídico*: a ação penal nos crimes de estupro e atentado violento ao pudor – o sentido hermenêutico-constitucional do art. 225 do Código Penal. Disponível em <http://www.mp.rs.gov.br/areas/atuacaomp/anexos_noticias/artigolenio.doc>. Acesso em 28 abr. 2008.

[259] Assim, podemos concluir que o artigo 225 será inconstitucional se aplicado aos crimes de estupro e atentado violento ao pudor, mesmo que em sua forma simples. Como forma de resolver esta questão, aplicar-se-ia a técnica da nulidade parcial sem redução de texto nos seguintes moldes: "[...] ter-se-á que o art. 225, *caput*, do Código Penal, é inconstitucional se aplicado aos crimes de estupro e atentado violento ao

Estamos, mais uma vez, diante de uma inconstitucionalidade por proteção deficiente, critério de controle de constitucionalidade de medidas restritivas a direitos fundamentais, já que o legislador, ao atribuir o caráter privado à ação nos crimes sexuais, deixou sem suficiente proteção a dignidade e a integridade corporal das vítimas de tais delitos hediondos.

Ademais, cabe mencionar que a violência sexual acarreta uma profunda violação aos direitos humanos, e que não só o Brasil, como a comunidade internacional[260] em peso, estão voltados ao combate dessa afronta aos direitos fundamentais. A dignidade da pessoa é, desde há muito, uma garantia fundamental e, como tal, pertence ao núcleo constitucional, dotado de força capaz de irradiar, para todas as normas do ordenamento jurídico, critérios interpretativos e vinculantes.

Por tudo isso, é impossível conceber, no paradigma atual, que uma lei responsável pela ação penal nos crimes sexuais seja de ação privada, *sobretudo porque tais delitos violam flagrantemente os direitos humanos*. Além disso, a hediondez[261] já os classifica como

---

pudor, por violação dos arts. 5º, XLIII, e 129, I, da Constituição Federal. Poder-se-á ainda resolver a questão de outro modo, como fez o Supremo Tribunal Federal na ADIN 491: 'o dispositivo x somente é constitucional se se lhe der a interpretação que esta Corte entende compatível com a Constituição, com o que teríamos: *o art. 225 do Código Penal somente é constitucional se se lhe der a seguinte interpretação: o art. 225 não se aplica às hipótese de crimes hediondo, porque é da ratio destes crimes a ação penal pública'"* (Idem, ibidem).

[260] Cite-se, para tanto, a Conferência Internacional de Direito Humanos de Viena (1993); a IV Conferência Mundial Sobre a Mulher em Beijing (1995); as disposições da ONU, sobretudo na elaboração da Convenção para a Eliminação de Todas as Formas de Discriminação Contra a Mulher (1987, ratificada pelo Brasil em 1984); a Convenção para a Prevenir, Punir e Erradicar a Violência Contra a Mulher, elaborada pela OEA (1994, ratificada pelo Brasil em 1995); a Convenção Americana de Direitos Humanos (Pacto de San José da Costa Rica – 1992) e a Convenção sobre os Direitos da Criança (1990).

[261] Registremos, para tanto, o posicionando da Desembargadora Genacéia Alberton, da Quinta Câmara Criminal do Tribunal de Justiça do Rio Grande do Sul: EMENTA: Atentado violento ao pudor. Preliminar de ilegitimidade ativa do Ministério Público. Prova da pobreza do ofendido. Inobstante não haja nos autos atestado de miserabilidade da vítima, a atuação do agente ministerial ao propor a ação penal é legítima, pois não se admite crime hediondo condicionado à representação [...] (RIO GRANDE DO SUL. Tribunal de Justiça do Estado. *Apelação Crime nº 70021420005*, Quinta Câmara Criminal, Tribunal de Justiça do RS, Relator: Genacéia da Silva Al-

repugnantes, ou seja, o Direito Penal não deve medir forças ao combatê-los, e qualquer atitude em sentido contrário será inconstitucional.

4.2.3. Os crimes de menor potencial ofensivo no âmbito dos Juizados Especiais Criminais: a transformação de hard crimes *em* soft crimes

A Lei 9.099/95 que instituiu os juizados especiais, criou também os chamados "crimes de menor potencial ofensivo", prevendo em seu artigo 61 que "consideram-se infrações penais de menor potencial ofensivo, para os efeitos desta Lei, as contravenções penais e os crimes a que a lei comine pena máxima não superior a 2 (dois) anos, cumulada ou não com multa" (redação dada pela Lei 11.313 de 2006).

Ao que parece, esse limite de pena acaba por englobar crimes que protegem bens jurídicos absolutamente diversos, numa espécie de "artificial isonomia legal".[262] Assim, o legislador, sem respeitar quaisquer outros requisitos, sejam eles objetivos ou subjetivos, acaba por considerar de mesma gravidade, ou melhor dizendo, quase sem gravidade, delitos que em um Estado Democrático de Direito merecem guarida estatal, sob pena de estarem violando o princípio da proporcionalidade em seu viés positivo. Para Lenio Streck,

> Não há dúvida [...] que as baterias do direito penal do Estado Democrático de Direito devem ser direcionadas *preferentemente* para o combate dos crimes que impedem a realização dos objetivos constitucionais do Estado e para os que violam *direitos fundamentais, assim como os crimes que ofendem bens jurídicos inerentes ao exercício da autoridade do Estado* (desobediência, desacato), *além das condutas que ferem a dignidade da pessoa, como o abuso de autoridade, sem falar nos* delitos praticados contra o meio ambiente, as relações de consumo, crimes tributários, etc. [...] Nesse sentido, *não parece razoável* supor que delitos como abuso de autoridade, desacato, crimes contra o meio-ambiente, crimes contra crianças e adolescentes, crimes contra a ordem tributária, crimes nas licitações, para citar apenas alguns, possam ser epitetados como de *menor potencial ofensivo* (*sic*) a partir de uma simples formalidade legislativa.

---

berton, Julgado em 16 de abril de 2008. Disponível em <www.tj.rs.gov.br>. Acesso em 15 jul. 2008).

[262] Expressão utilizada por Lenio Streck em *Constituição e bem jurídico*, op. cit.

Ou seja, a pergunta que fica é: como podem bens jurídicos que traduzem interesses relativos aos direitos fundamentais, bem como aqueles que visam a proteger bens transindividuais, serem axiologicamente rebaixados a uma condição de menor relevância jurídica?

Como resposta, não é demais lembrar que as criminalizações e descriminalizações devem sempre estar estreitamente ligadas à materialidade da Constituição. E não poderia ser diferente disso, pois em um Estado Democrático de Direito, cuja Constituição é normativa, compromissória e dirigente, *fica implícito que o legislador não pode, e de maneira nenhuma deve, estabelecer crimes e penas de uma forma discricionária*, completamente à revelia dos princípios da proporcionalidade e da razoabilidade. Ou seja, no atual paradigma, é inconcebível que o legislador penal imponha um requisito – arbitrário – de *quantum* da pena para definir crimes que devam, ou não, ter um tratamento processual mais ameno, cujas penas são passíveis de serem substituídas por penas alternativas – o já institucionalizado pagamento de cestas básicas.

A partir disso, e concordando com o professor gaúcho, *propomos uma nulidade parcial sem redução de texto* no que tange às hipóteses de infrações penais que efetivamente violem os direitos fundamentais e, por conseqüência, não possam ser classificadas como de menor potencial ofensivo.

No entanto, sabemos que a tarefa de estabelecer quais os delitos que deveriam ser retirados do rol dos referidos crimes não é nada fácil, isso porque, se alguns crimes nitidamente merecem estar no elenco dos de menor lesividade, outros, no entanto, ficam em uma zona nebulosa, incerta. Entretanto, de plano, pode-se dizer de alguns crimes[263] que, definitivamente, deveriam estar fora dessa "moldura" legislativa. Vejamos os exemplos:

a) exposição ou abandono de recém-nascido (art. 134);

b) subtração de incapazes (art. 249);

c) violência doméstica nas hipóteses do § 10º (art. 129);

d) maus-tratos (art. 136);

---

[263] Crimes cujas penas, por incrível que pareça, são menores do que a de "supressão ou alteração de marcas de animais" (art. 162 do Código Penal), cuja pena mínima é 6 meses e a máxima 3 anos de detenção e multa.

e) violação de domicílio se o crime for cometido durante a noite ou em lugar ermo, ou com emprego de violência ou de arma, ou por duas ou mais pessoas (art. 150, §, 1º);

f) atentado ao pudor mediante fraude (art. 216);

g) assédio sexual (art. 216-A);

h) crimes contra a ordem tributária (art. 2º da Lei 8.137/90);

i) crimes ambientais (arts. 32; 45; 50 da Lei 9.605/98);

j) crimes cometidos contra criança e adolescente (arts. 228; 229; 230; 231; 232; 234; 235; 236; 242; 243; 244 da Lei 8.069/90);

k) crimes ocorridos em licitações (arts. 93; 97; 98 da Lei nº 9.666/93);

l) crimes contra o idoso[264] (arts. 96 a 106 e 108 da Lei nº 10.741/03).

Percebe-se, a partir da exemplificação, que todos os bens jurídicos em questão estão protegidos pela Constituição, sejam os que dizem respeito aos bens jurídicos de primeira dimensão, quanto aos de segunda e terceira dimensões, de forma que o legislador, ao transformá-los em crime de baixa potencialidade lesiva, acabou violando o princípio da proporcionalidade em seu viés positivo e, por conseqüência, incorrendo em inconstitucionalidades por proteção deficiente.

É quase inacreditável pensar que o legislador escolheu classificar como de baixa lesividade tipos como, por exemplo, o do art. 99 da Lei nº 10.741/03: "expor a perigo a integridade e a saúde, física ou psíquica, *do idoso*, submetendo-o a condições desumanas ou degradantes ou privando-o de alimentos e cuidados indispensáveis, quando obrigado a fazê-lo, ou sujeitando-o a trabalho excessivo ou inadequado", cuja pena para resultado lesão corporal grave vai de 1 a 4 anos de reclusão; ou, como o art. 97: "deixar de prestar assistência ao idoso, quando possível fazê-lo sem risco pessoal, em situação de iminente perigo, ou recusar, retardar ou dificultar sua assistência à saúde, sem justa causa, ou não pedir, nesses casos, o socorro de autoridade pública", cuja pena, se o resultado for lesão

---

[264] Alguns tipos, por força do art. 94 da Lei nº 10.741/03, foram rebaixados a de menor potencial ofensivo.

corporal grave ou morte, não passará de 1 ano e meio de detenção e multa.

Sem dúvida, isso causa – ou deveria causar – espanto, principalmente porque, além da Constituição proteger a vida, a integridade física e a dignidade da pessoa humana como um direito fundamental, na mesma lei está previsto, no art. 2º, que: "o idoso goza de todos os direitos fundamentais inerentes à pessoa humana, sem prejuízo da proteção integral de que trata esta Lei, assegurando-se-lhe, *por lei ou por outros meios*, todas as oportunidades e facilidades, para preservação de sua saúde física e mental e seu aperfeiçoamento moral, intelectual, espiritual e social, em condições de liberdade e dignidade".

Então, indaga-se: seria constitucional equiparar um crime que viola tantos direitos fundamentais a um crime de menor potencial ofensivo? Como pode o Estado, por um lado, querer proteger o direito à vida por via constitucional e, por outro, a partir da Lei 10.741/03, alçá-la à categoria de crime menos grave, passível de transação penal?

É de se lembrar que nos crimes do Estatuto do Idoso cujas penas não ultrapassem quatro anos, aplica-se o procedimento previsto na Lei 9.099/95. Ou seja, para os crimes cometidos contra idosos o rol dos delitos de menor potencial ofensivo foram "ampliados" por força do art. 94 da Lei 10.741/03.

Aqui, mais uma vez podemos observar que, ao contrário do que pensa o legislador, e muitos aplicadores do direito, *uma lei vigente não é uma lei válida* – esqueceram-se da diferença ontológica! Não é porque algo "está na lei" que não devemos questionar a sua validade constitucional. Não é, também, porque o legislador usou um critério quantitativo de pena que devemos, a partir de agora, fechar os olhos e "atirar" para dentro do rol dos crimes de menor potencial ofensivo aqueles delitos que respondam a esse requisito. O fato de estarem classificados como crimes de menor gravidade não altera, de nenhum modo – diferentemente do que pensou o legislador –, *a relação de tipo penal e necessária proteção ao bem jurídico*, pois este não ficou menos relevante somente porque recebeu um novo nome classificatório.

4.2.4. A inconstitucionalidade da previsão de extinção da punibilidade por pagamento nos crimes fiscais

Dispõe o artigo 34 da Lei 9.249/95 que "extingue-se a punibilidade dos crimes definidos na Lei 8.137, de 27 de dezembro de 1990, e na Lei 4.729, de 14 de julho de 1965, quando o agente promover o pagamento do tributo ou contribuição social, inclusive acessórios, antes do recebimento da denúncia".

Cabe lembrar que a Lei 10.684, de 30 de maio de 2003, em seu art. 9°,[265] previu a extinção da punibilidade aos acusados que, mesmo após condenação por crimes contra a ordem tributária, efetuem o pagamento da dívida, desse modo ampliando o benefício que antes era só permitido até o recebimento da denúncia.

A partir do momento em que a evolução do Estado e, conseqüentemente, a teoria do bem jurídico apontam para o surgimento de uma série de *deveres de proteção por parte do Estado*, não podemos mais admitir que, no nosso paradigma atual, somente os bens jurídicos de "carne e osso" mereçam ser objetos de proteção do Direito Penal.

Os crimes que atingem o ramo do direito econômico emergem com força a partir do compromisso adotado pela Constituição de 1988. Os crimes fiscais e outros crimes econômicos, embora não tenham uma vítima que possa ser visualizada individualmente – e, por isso, vítima de "carne e osso" – atingem uma quantidade muito maior de indivíduos. Toda a coletividade passa a ser vítima nesses delitos, uma vez que os destinatários dos serviços prestados pelo Estado somos todos nós.

Foi o acerto de André Callegari, ao dizer que

[...] quando se defrauda a previdência, o Fisco, etc., o Estado se fragiliza e passa a não prestar um bom serviço. É evidente que tais conseqüências têm repercussão

---

[265] "É suspensa a pretensão punitiva do Estado, referente aos crimes previstos nos arts. 1° e 2° da Lei n° 8.137, de 27 de dezembro de 1990, e nos arts. 168-A e 337-A do Decreto-Lei n° 2.848, de 7 de dezembro de 1940 – Código Penal, durante o período em que a pessoa jurídica relacionada com o agente dos aludidos crimes estiver incluída no regime de parcelamento. § 1° A prescrição criminal não corre durante o período de suspensão da pretensão punitiva. § 2° Extingue-se a punibilidade dos crimes referidos neste artigo quando a pessoa jurídica relacionada com o agente efetuar o pagamento integral dos débitos oriundos de tributos e contribuições sociais, inclusive acessórios."

na vida e na integridade física das pessoas, porém, não de maneira direta como na comissão da maioria dos delitos tradicionais em que a repercussão aparece, normalmente, em seguida.[266]

A falta de efetiva proteção do Estado para com a criminalidade econômica existe pelo fato de que o horizonte de sentido do legislador – e dos juízes – ainda está voltado para a noção de bem jurídico liberal, preocupado em proteger os interesses meramente individuais. E é por isso que existe uma grande dificuldade por parte desses atores – e daí incluímos a dogmática jurídica –, em resolver os problemas supra-individuais, frutos das demandas sociais de uma sociedade como a brasileira.

Um exemplo bem significativo do estado da arte no Brasil *é o recente julgamento da extinção da punibilidade no caso Marcos Valério*, conhecido por todos por ser o pivô da CPI do Mensalão. Embora não seja um caso isolado, muito pelo contrário, pois que tais decisões são cada vez mais abundantes em nossa jurisprudência, optamos por essa exemplificação, uma vez que o caso possui caráter notório e tomou proporções nacionais.

Em decisão do Recurso Especial nº 942.769,[267] o Ministro do Superior Tribunal de Justiça, Hamilton Carvalhido, julgou extinta

---

[266] CALLEGARI, André Luís. Importância e efeito da delinqüência econômica. In: *Boletim IBCCRIM*, São Paulo, n. 101, p. 10-11, abr. 2001, p. 10.

[267] "Ao que se tem dos autos, é de se julgar extinta a punibilidade dos crimes imputados aos réus. É que a jurisprudência dos Tribunais Superiores firmou entendimento em que, nos crimes contra a ordem tributária, verifica-se a extinção da punibilidade da pretensão punitiva, se efetuado o pagamento integral do débito antes ou após o recebimento da denúncia, ex vi do artigo 9º da Lei 10.684/2003, a que o Excelso Supremo Tribunal Federal reconhece efeito retroativo. É esta, por pertinente, a letra da referida norma, verbis: "Art 9º É suspensa a pretensão punitiva do Estado, referente aos crimes previstos nos arts. 1º e 2º da Lei no 8.137, de 27 de dezembro de 1990, e nos arts. 168A e 337A do Decreto-Lei nº 2.848, de 7 de dezembro de 1940 – Código Penal, durante o período em que a pessoa jurídica relacionada com o agente dos aludidos crimes estiver incluída no regime de parcelamento. § 1º A prescrição criminal não corre durante o período de suspensão da pretensão punitiva. § 2º Extingue-se a punibilidade dos crimes referidos neste artigo quando a pessoa jurídica relacionada com o agente efetuar o pagamento integral dos débitos oriundos de tributos e contribuições sociais, inclusive acessórios.[...] uma leitura apressada, feita sob a ótica da disciplina do antigo Refis, do novo § 2º do artigo 9º poderia levar à crença de se tratar de norma que faz referência ao momento final do parcelamento, ou seja, que o final do parcelamento, implicando em pagamento, levaria à extinção da punibilidade. Sim, o entendimento está correto, mas o dispositivo diz mais que isto.

a punibilidade por crime contra a ordem tributária, tendo em vista que o réu pagou integralmente as parcelas tributárias não-recolhidas. No caso em tela, no final do ano de 2001, o Instituto Nacional de Seguridade Social – o INSS –, ingressou com ação de execução contra a DNA Propaganda Ltda, empresa de publicidade de Marcos Valério, com sede em Belo Horizonte, Minas Gerais. O objetivo era cobrar débitos no valor de R$ 6,82 milhões de reais, referentes às contribuições que a DNA Propaganda deixou de recolher para a Previdência Social.[268]

Segundo consta na denúncia do Ministério Público, a sonegação fiscal ocorreu devido *à fraude no pagamento de funcionários da empresa*. Alguns recebiam "por fora" da folha de pagamento e outros recebiam mais do que era realmente declarado pela contabilidade.

Em julho de 2003 Marcos Valério, além de mais dois gestores da empresa, foram condenados por sonegação fiscal. Os acusados apresentaram recurso contra a decisão da Terceira Turma do Tribunal Regional Federal da 1ª Região, que manteve a condenação. Na ocasião, o Ministério Público Federal contrariando o princípio

---

Em nosso entender, o dispositivo pode perfeitamente ser interpretado de forma a permitir que *sempre que houver pagamento, independentemente de ser o momento final do parcelamento, extinta estará a punibilidade e, agora, sem limite temporal, isto é, sem que o recebimento da denúncia inviabilize o efeito jurídico-penal do pagamento integral do tributo.* [...] In casu, dos documentos juntados autos autos depreende-se que os recorrentes efetuaram o pagamento integral das parcelas tributárias não-recolhidas, tendo sido, inclusive, extinta a respectiva execução fiscal (fl. 968), sendo, pois, de rigor, a declaração de extinção da punibilidade. Prejudicadas, por conseqüência, as questões trazidas nos recursos especiais. Pelo exposto, declaro a extinção da punibilidade do crime tipificado no artigo 1º, inciso II, da Lei nº 8.137/90, combinado com os artigos 29 e 71 do Código Penal, relativamente aos recorrentes Francisco Marcos Castilho Santos, Marcos Valério Fernandes e Rogério Livramento Mendes, com fundamento no artigo 9º, § 2º, da Lei nº 10.684/2003, julgando, por conseqüência, prejudicados os recursos especiais. Publique-se. Intime-se. Brasília, 11 de dezembro de 2007. Ministro Hamilton Carvalhido, Relator." (grifo nosso). (BRASÍLIA. Superior Tribunal de Justiça. *Recurso Especial nº 942.769* – MG. Relator: Ministro Hamilton Carvalhido. Publicado em 12 de fevereiro de 2008. Disponível em <www.stj.gov.br>. Acesso em 15 jul. 2008.

[268] Retirado do site do Superior Tribunal de Justiça. Disponível em <http://www.stj.gov.br/portal_stj/publicacao/engine.wsp?tmp.area=398&tmp.texto=86108>. Acesso em 15 jun. 2008.

de proibição de proteção deficiente, opinou pela extinção da punibilidade.

Ao que parece, estamos diante de *uma verdadeira institucionalização da sonegação de tributos*. Ora, a prevenção geral é umas das funções clássicas do Direito Penal, e é assentada na idéia de que o agente que pretende cometer algum ilícito não o fará porque tem algo a perder, no caso, sua liberdade. A pergunta que se faz é: *se de antemão ele sabe que não tem nada a perder, porque não arriscar?* Se for pego paga a dívida, se não, sai com o lucro de sua ação criminosa.

E mais, se essa lei não for declarada inconstitucional,[269] porque não estender esse mesmo benefício para os acusados de crimes contra o patrimônio, desde que cometidos *sem violência* ou grave ameaça – por exemplo o furto – que devolvam a *res* após a condenação? Afinal de contas, assim não estar-se-ia infringindo o princípio constitucional da igualdade de todos perante a lei.

Na mesma linha de raciocínio podemos citar o disposto nos artigos 168-A e 337-A, § 2º e § 1º, respectivamente, do Código Penal, que prevêem a extinção da punibilidade se o agente, espontaneamente, declara e confessa as contribuições, importâncias ou valores e presta as devidas informações à previdência social, na forma definida em lei ou regulamento, antes do início da ação fiscal.

Por isso, não é de causar estranheza que os crimes de "carne e osso" sempre geram mais repulsa à sociedade. Na verdade, isso se justifica pelo arraigamento ao paradigma liberal-individualista tão presente em nosso direito. É inadmissível que em pleno século XXI,

---

[269] O Procurador Geral da República propôs a ADIN nº 3002, que ainda aguarda julgamento no Supremo Tribunal Federal. Depreende-se do pedido, dentre outros argumentos, que o dispositivo legal impugnado "concede o parcelamento a quem não só deixou de cumprir com suas obrigações fiscais, mas tentou ludibriar, enganar, falsificando ou omitindo declarações, tudo com o dolo de não recolher o tributo devido ao Estado-cobrador". Assim, a norma estaria ferindo frontalmente "o princípio republicano, bem como seus subprincípios concretizadores, como a igualdade, a cidadania e a moralidade". Isso porque "os benefícios fiscais que suspendem a exigibilidade do crédito tributário, de um modo geral, e o parcelamento tributário, de modo específico, engendram regras que excepcionam o princípio republicano", pois, "com a República, desaparecem os privilégios tributários de indivíduos, de classes ou de segmentos da sociedade", razão pela qual "todos devem ser alcançados pela tributação". Disponível em <http://www.senado.gov.br/sf/senado/advocacia/pdf/ADI3002.pdf >. Acesso em 15 jun. 2008.

e em um país com tantas desigualdades como o Brasil, uma lei desse teor não choque a sociedade, pois justamente impede a concretização de um Estado que é Democrático e de Direito. Quando se deveria zelar por uma arrecadação honesta de tributos, principal responsável por concretizar políticas públicas fundamentais para o desenvolvimento de uma sociedade igualitária, são criados benefícios para favorecer esse tipo de criminalidade!

Essa lei, sem dúvida, é carregada de inconstitucionalidade por deficiência de proteção. Aqui houve um total esquecimento dos direitos fundamentais como imperativos de tutela. O Estado deve zelar pela arrecadação de seus tributos, como forma de promover assistência a toda uma sociedade, e não, como faz, incentivar formas de comissão de delitos que vão de encontro a esta. Nesse ponto, o Estado tem a obrigação de criminalização, e não, como fez, de descriminalização.

Poderia, no entanto, o legislador lançar mão de outro ramo do direito que não o Direito Penal para proteger o mesmo bem jurídico em questão? Antes de mais nada, mister referir uma decisão do Tribunal Constitucional Espanhol:

> En rigor, el control constitucional acerca de la existencia o no de medidas alternativas menos gravosas [...], tiene un alcance y una intensidad muy limitadas, ya que se ciñe a comprobar si se ha producido un sacrificio patentemente innecesario de derechos que la Constitución garantiza [...], *de modo que sólo si a la luz del razonamiento lógico, de datos empíricos no controvertidos y del conjunto de sanciones que el mismo legislador ha estimado necesarias para alcanzar fines de protección análogos, resulta evidente la manifiesta suficiencia de un medio alternativo menos restrictivo de derechos para la consecución igualmente eficaz de las finalidades deseadas por el legislador, podría procederse a la expulsión de la norma del ordenamiento.* Cuando se trata de analizar la actividad del legislador en materia penal desde la perspectiva del criterio de necesidad de la medida, el control constitucional debe partir de pautas valorativas constitucionalmente indiscutibles, atendiendo en su caso a la concreción efectuada por el legislador en supuestos análogos, al objeto de comprobar si la pena prevista para un determinado tipo se aparta arbitraria o irrazonablemente de la establecida para dichos supuestos. Sólo a partir de estas premisas cabría afirmar que se ha producido un patente derroche inútil de coacción que convierte la norma en arbitraria y que socava los principios elementales de justicia inherentes a la dignidad de la persona y al Estado de Derecho.[270]
> (grifo nosso)

---

[270] ESPANHA. Tribunal Constitucional Espanhol. *Sentencia 55/1996*. Julgado em 28 de março de 1996. Disponível em <http://www.tribunalconstitucional.es/>. Acesso em 20 jul. 2008.

Nesse caso, um meio alternativo ao Direito Penal – e portanto, menos restritivo – se mostraria insuficiente para a proteção do bem jurídico, nos moldes solicitados pela Constituição. Para Lenio Streck,[271] "[...] para abrir mão – mesmo que de forma indireta – da proteção penal do bem jurídico ínsito a idéia de Estado Social, *o legislador deveria demonstrar*, antes, *que os meios alternativos à sanção, como o pagamento do tributo antes do recebimento da denúncia, tenha*, nos últimos anos – mormente a partir da Lei 9.249 – *proporcionado resultados que apontem*, de forma efetiva, para *a diminuição da sonegação de tributos*".

Explicando melhor, uma conduta só pode ser descriminalizada se for possível, por meio de um juízo de prognose, concluir pela dispensabilidade do Direito Penal, isto é, para aquele caso o Direito Penal tornou-se despiciendo. Evidentemente, não se trata de uma análise empírica do caso concreto, mas, sim, de propor a necessidade de considerações profundas acerca de toda uma estrutura social.

No entanto, não é isso que vem ocorrendo, ao que tudo indica a sonegação de tributos só aumentou a partir da instituição da extinção da punibilidade pelo pagamento da dívida, a ponto de agora ser possível o parcelamento da mesma em até mais de (absurdos) 100 anos.[272]

4.2.5. A inconstitucionalidade do § 4º do artigo 33 da Lei de Tóxicos

Recentemente, um assunto foi colocado em pauta no cenário jurídico brasileiro: seria o § 4º do artigo 33 da Lei 11.343/06[273] cons-

---

[271] STRECK, Lenio Luiz. Streck em *Constituição e bem jurídico*, op. cit.

[272] FELDENS, Luciano. *Tutela Penal dos Crimes do Colarinho Branco*. Porto Alegre: Livraria do Advogado, 2002.

[273] Art. 33. Importar, exportar, remeter, preparar, produzir, fabricar, adquirir, vender, expor à venda, oferecer, ter em depósito, transportar, trazer consigo, guardar, prescrever, ministrar, entregar a consumo ou fornecer drogas, ainda que gratuitamente, sem autorização ou em desacordo com determinação legal ou regulamentar: Pena – reclusão de 5 (cinco) a 15 (quinze) anos e pagamento de 500 (quinhentos) a 1.500 (mil e quinhentos) dias-multa. § 1º Nas mesmas penas incorre quem: I – importa, exporta, remete, produz, fabrica, adquire, vende, expõe à venda, oferece, fornece, tem em depósito, transporta, traz consigo ou guarda, ainda que gratuitamente, sem autorização ou em desacordo com determinação legal ou regulamentar,

titucional? Algumas considerações acerca desse polêmico dispositivo merecem nossa especial atenção.

Uma simples consulta à Constituição do Brasil nos faria perceber que o legislador constituinte optou por criminalizar determinadas condutas que, via de conseqüência, indicam a mudança na concepção de proteção dos bens jurídicos que o Estado Democrático de Direito e o dirigismo constitucional proporcionaram a partir do segundo pós-guerra. Temos, por exemplo, a possibilidade de o legislador tipificar algumas condutas como hediondas, em uma clara expressão da intervenção estatal, para garantir direitos fundamentais.

Prevê o artigo 5º, XLIII, da Constituição do Brasil que *a lei considerará crimes inafiançáveis e insuscetíveis de graça ou anistia a prática da tortura, o tráfico ilícito de entorpecentes e drogas afins, o terrorismo e os definidos como crimes hediondos, por eles respondendo os mandantes, os executores e os que, podendo evitá-los, se omitirem.* Tais delitos estão fora de concessões de benefícios legais, como a anistia e o indulto. Temos, então, por assim dizer, uma "obrigação de criminalização". Portanto, parece óbvio afirmar que o legislador infra-constitucional não pode agir de forma contrária a esse mandamento legal, incluindo-se aí os favores legais.

Acompanhando tal raciocínio e tentando responder a questão proposta no início deste diálogo, fica claro que o legislador não poderia ter enfraquecido as penas impostas para o crime de tráfico de drogas. Além de a Constituição ser explícita em elencar tal delito como hediondo, lembramos que o Brasil é signatário de tratados internacionais[274] que visam combater este tipo de criminali-

---

matéria-prima, insumo ou produto químico destinado à preparação de drogas; II – semeia, cultiva ou faz a colheita, sem autorização ou em desacordo com determinação legal ou regulamentar, de plantas que se constituam em matéria-prima para a preparação de drogas; III – utiliza local ou bem de qualquer natureza de que tem a propriedade, posse, administração, guarda ou vigilância, ou consente que outrem dele se utilize, ainda que gratuitamente, sem autorização ou em desacordo com determinação legal ou regulamentar, para o tráfico ilícito de drogas. (...) § 4º *Nos delitos definidos no caput e no § 1º deste artigo, as penas poderão ser reduzidas de um sexto a dois terços, vedada a conversão em penas restritivas de direitos, desde que o agente seja primário, de bons antecedentes, não se dedique às atividades criminosas nem integre organização criminosa.*

[274] Cita-se, por todos, a Convenção das Nações Unidas contra o Tráfico Ilícito de Entorpecentes e Substâncias Psicotrópicas, que deu origem ao Decreto nº 154/1991,

dade. Não podemos olvidar, ainda, de mais um ponto importante: onde está a prognose feita para a concessão de uma diminuição de pena que pode variar de 1/6 a 2/3? E mais: poderia um crime ser hediondo – vedando-se favores legais – e, ao mesmo tempo, possibilitar um apenamento equivalente a um crime de menor potencial ofensivo?

O que existe, pelo contrário, é um crescente aumento da prática desta espécie delitiva, tanto que a pena do *caput* do artigo 33 da Lei 11.343/06 foi aumentada – a pena mínima que antes era de 3 anos *passou para 5 anos*. Ocorreu que o legislador, após aumentar a pena mínima, promoveu uma diminuição que, pelo § 4°, pode alcançar uma pena (mínima) de 1 ano e 8 meses, ou seja, 1 ano e 2 meses *abaixo da antiga pena mínima*. Isso, sem dúvidas, causa muita estranheza. Onde está a coerência do sistema legal? Esqueceram-se, também, dos princípios da igualdade e da integridade, isso sem falarmos no da proibição de proteção deficiente.

Como bem lembra Lenio Streck,

> Ora, se o legislador resolve aumentar a pena mínima, é porque deve ter motivos (prognose) para tal. Se ele aumenta em mais da metade a pena mínima, não tem sentido, ao mesmo tempo, diminuir a pena em percentual maior que próprio aumento. Simples, pois! [...] Não é desarrazoado afirmar que a punição insuficiente para um crime de extrema gravidade e reprovabilidade equivale à impunidade. Ou, em outras palavras, equivale a não aplicação do comando constitucional de criminalizar. Na verdade, o legislador banaliza a punição do tráfico, nesse particular, ao tempo em que a Constituição aponta explicitamente para o outro lado, isto é, para uma atuação eficaz do *Estado na repressão do tráfico de entorpecentes*. Dito de outro modo, a Constituição Federal da República do Brasil estabelece diretrizes de política criminal a serem, necessariamente, seguidas quando da edição de leis penais no exercício da atividade legiferante. Com base em tal premissa, o legislador não é dotado de absoluta liberdade na eleição das condutas que serão alvo de incriminação e nem, tampouco, na escolha dos bens jurídicos que serão objeto de proteção penal. Em decorrência, também não pode o Poder Legislativo deliberar sobre a descriminalização de normas protetivas de bens jurídicos com manifesta dignidade constitucional.[275]

---

e as convenções de Genebra para a Repressão do Tráfico Ilícito das Drogas Nocivas, no ano de 1936, e de Nova York, no ano de 1961.

[275] STRECK, Lenio Luiz. *O dever de proteção do Estado (Schutzpflicht):* o lado esquecido dos direitos fundamentais ou "qual a semelhança entre os crimes de furto privilegiado e o tráfico de entorpecentes"? Disponível em <http://www.leniostreck.com.br>. Acesso em 11 dez. 2008.

Mais uma vez o legislador deixou sem proteção um bem jurídico cuja dignidade estava expressamente determinada pela Constituição. Quem garantirá que outros crimes hediondos futuramente não recebam esta benesse legislativa? E mais, enganam-se aqueles que pensam que qualquer lei que venha a beneficiar os praticantes de crimes estaria imune ao controle de constitucionalidade. Pelo contrário, o legislador deve obedecê-lo cada vez que elabora um novo dispositivo legal. Ou isso, ou consideraríamos sempre constitucionais eventuais descriminalizações – por exemplo, a do crime de roubo, estupro, etc.

Portanto, sem a devida prognose para uma redução de limites, o Estado, mais uma vez, *falta com seu dever de proteção* e, conseqüentemente, lança mão de um dispositivo inconstitucional por deficiência de proteção de direitos. Como resolver este problema sem aniquilarmos totalmente com o artigo 33 da Lei de drogas? A resposta mais uma vez é dada pelo professor gaúcho, que aponta três soluções:

Primeiro, por intermédio do controle concentrado, anulando-se o dispositivo em questão (§ 4º do art. 33 da Lei 11.343/06); segundo, em sede de controle difuso, o juiz deixa de aplicar o dispositivo, por ser inconstitucional ou, quando estivermos em sede de segundo grau, por meio de um incidente de inconstitucionalidade, como prevê o artigo 93 da Constituição; terceira e última, por meio de uma nulidade parcial sem redução de texto, em que o dispositivo será inconstitucional se aplicado a uma determinada hipótese. Neste último caso, o § 4º do artigo 33 da Lei de 11.343/06 será inconstitucional se for aplicada ao condenado uma pena mínima abaixo do patamar de 3 anos de reclusão. Explicando melhor, se a lei anterior previa esta pena mínima para o caso de tráfico de entorpecentes, *não pode a nova lei diminuir a repressão antes tida como suficiente para a proteção do bem jurídico ao qual se dispunha proteger.*

5. Conclusões

Uma questão fundamental e fundante de todo o processo hermenêutico é, segundo Gadamer, a necessidade que o intérprete tem de suspender seus pré-juízos diante da possibilidade da fusão de horizontes. Toda a tradição se mantém a partir de sua inquestionalibilidade. Em outras palavras, é como os sentidos atribuídos às leis: *se ninguém os questionar, eles permanecerão os mesmos*. O Estado Democrático de Direito impõe rupturas com a tradição. O direito, no interior desse novo paradigma, deve ser olhado como um conjunto de pré-compreensões que abarquem as possibilidades de transformação ínsitas ao novo modelo. Se o Estado Moderno nasce absolutista – circunstância que constitui uma ruptura com o medievo –, a sua superação constitui um passo para além da simples proteção "contratual" do indivíduo.

Tem-se assim que, em termos de tipo ideal, o Estado Liberal que sucede o Estado absolutista estabelece uma espécie de projeção através dos tempos a partir do lema da Revolução que mudou a história da humanidade: *liberdade, igualdade e fraternidade*. Com efeito, se a liberdade se conquista pela legalidade – veja-se nesse sentido a importância do positivismo em contraponto ao velho regime –, esta liberdade por si só não se mantém em face da falta de igualdade. Dialeticamente, a liberdade, sob um Estado absenteísta, faz surgir desigualdades que demandam correções igualitárias. Paradoxalmente, a conquista da igualdade ocasiona riscos à democracia, isto é, à liberdade. Dito de outro modo, as contribuições do liberalismo engendraram o surgimento de direitos de segunda dimensão, caracterizadoras daquilo que se convencionou chamar de Estado Social.

Mas as exigências de um Estado intervencionista acabaram diminuindo o espaço de liberdade, gerando regimes totalitários. Veja-se, destarte, uma espécie de terceira promessa da Revolução Francesa que parece estar caracterizada nisso que se pode chamar de terceira fase do Estado e do próprio Constitucionalismo: *o Estado Democrático de Direito*. Em síntese: se no liberalismo cuidava-se dos direitos individuais, e no Estado Social, dos direitos sociais, no Estado Democrático de Direito a preocupação é com a transidividualidade. Por isso, os direitos não são simplesmente "geracionais", mas, sim, "dimensionais".

É nessa quadra da história que se situa a temática do presente livro. Trata-se de uma análise que coloca a evolução do Estado e a evolução do direito *como pedra angular para a discussão da proteção dos direitos*. A tradição que sedimentou o papel da proteção negativa do Estado não está em discussão. Trata-se de uma conquista do iluminismo. Afinal, é nesse ponto – a proteção do indivíduo em face do Estado – que nasce toda a gama de direitos a partir do liberalismo. Isso decorre de uma contraposição Estado – Sociedade Civil.

A evolução dos direitos demanda níveis diferentes de proteção, pois, se antes esta se dava contra o Estado, agora se dá e se faz, também, por intermédio dele. Com isso, pode-se dizer que, paradigmaticamente, *salta-se da dicotomia "Estado – inimigo dos direitos" para "Estado – amigo dos direitos fundamentais"*. Parece evidente, assim, que essa passagem engendra modos diferenciados de proteção, a ponto de o Estado passar a estar obrigado a proteger o indivíduo dele mesmo, de suas ações e de terceiros. Nesse sentido, o Direito Penal não poderia ficar imune a essa transformação da sociedade.

Importante notar que os textos constitucionais, elaborados a partir do Segundo pós-guerra, passaram, também, a cuidar desse novo perfil de dupla proteção, pois ao lado dos mecanismos de proteção negativa, as Constituições também passaram a conter fortes conteúdos protetivos, *até mesmo chegando a mandados de criminalização*, como é o caso da Constituição do Brasil e da Argentina, por exemplo.

É nesse cenário que procuramos discutir essa dupla face de proteção do Direito Penal em três partes. Na primeira, procuramos demonstrar essa trajetória do Estado da modernidade até o Estado Democrático de Direito. A ênfase principal está no papel compromissório e dirigente do constitucionalismo do segundo pós-guerra. Demonstramos que o caráter dirigente estabelece uma sensível diminuição na esfera de liberdade de conformação do legislador, que, no âmbito penal, não poderia estar blindado ante essa perspectiva invasiva dos textos constitucionais.

Disso pode-se concluir que a teoria do bem jurídico recebe particular influxo, visto que a menor liberdade de conformação do legislador amarra-o ao conteúdo material das constituições. *Eis a grande abertura para o desenvolvimento de bens jurídicos supra-individuais.* Se o liberalismo nos deu as conquistas dos bens de "carne e osso", o Estado Social e o Estado Democrático de Direito trouxeram um *plus* qualitativo na distribuição da categoria dos bens jurídicos. Assim, tendo o constitucionalismo, a evolução do direito e as novas perspectivas do bem jurídico como ponto central da demarcação da temática proposta na obra, tornou-se possível o segundo momento, que passou a tratar da proteção dos bens jurídicos a partir daquilo que se convencionou chamar de princípio da proibição de proteção deficiente (ou insuficiente, como também é chamada) – *Untermassverbot*.

Com efeito, parece induvidoso que a dupla face de proteção dos bens jurídicos penais está historicamente vinculada à noção de proporcionalidade. A proporcionalidade passa por um processo de evolução semelhante ao próprio Estado, pois em um primeiro momento se caracteriza como princípio básico da contenção de excessos por parte do poder público. Já em um segundo momento, *passa a estar ligada ao duplo dever de proteção do Estado, isto é, tratava-se de ampliar a perspectiva do Direito Penal como uma política de proteção integral dos direitos fundamentais*. Em síntese, trata-se daquilo que se pode dizer, conforme Alessandro Baratta, de dois tipos de garantismo: o negativo e o positivo. As respostas às necessidades de segurança devem ser dadas a todos os direitos, desde os direitos de proteção por parte do Estado (direitos sociais, por exemplo), até os direitos de prestação de proteção contra agressões provenientes do próprio Estado e de terceiros.

Essa discussão efetivamente se institucionaliza a partir da primeira decisão sobre o aborto no ano de 1975, proferida pelo Tribunal Constitucional da Alemanha. Segue-se a ela uma segunda decisão, e a temática passa a fazer parte das preocupações não só do Direito Constitucional, mas, também, do Direito Penal. Uma vez consolidada a existência de um dever de proteção (*Schutzpflicht*), o próximo passo é o reconhecimento daquilo que se denominou princípio da proibição de proteção deficiente (*Untermassverbot*).

Como bem diz Dieter Grimm, o dever de proteção passou a ser reconhecido como *o outro lado dos direitos fundamentais*, deixando para trás a idéia de ser apenas um efeito desses: enquanto os direitos fundamentais, como direitos negativos, visam a proteger a liberdade do indivíduo contra o Estado, o dever de proteção, derivado desses direitos, deve estar destinado à proteção dos indivíduos contra ameaças e riscos provenientes não só do Estado, mas também de atores privados, forças sociais, ou mesmo desenvolvimentos sociais controláveis pela ação estatal.

O princípio da proibição de proteção deficiente é, assim, o critério estrutural para que se possa determinar o grau e a dimensão da violação do dever de proteção, ou seja, um modo de medir o quanto o Estado esteve aquém no ato legislativo (ou judicial, como veremos) na proteção dos direitos fundamentais.

Demonstramos, por outro lado, as diversas aplicações do princípio da proibição de proteção deficiente tanto no Brasil como em alguns países, valendo referir as decisões sobre o aborto na Alemanha, a decisão sobre a extinção da punibilidade nos crimes sexuais e o polêmico caso das células-tronco decididos por nosso Supremo Tribunal Federal, bem como a decisão sobre o mandado de segurança em matéria criminal julgado pelo Tribunal do Estado de São Paulo e a declaração de inconstitucionalidade dos indultos concedidos aos generais da ditadura militar na Argentina, proferidos pela Suprema Corte Argentina.

Construídos esses alicerces, passamos a uma terceira parte, qual seja, analisar as possibilidades de incidência da proibição de proteção deficiente no Direito Penal:

a) as decisões que deixaram sem proteção as vítimas de delitos sexuais, ferindo frontalmente o princípio da dignidade da pessoa humana;

b) o crime continuado e incompatibilidade de seu reconhecimento no caso de crimes hediondos;

c) a necessária aceitação do mandado de segurança em matéria criminal como forma de reconhecer a segurança da sociedade como um direito fundamental;

d) a impossibilidade do reconhecimento do indulto no caso de crimes hediondos;

e) a inconstitucionalidade da dispensa dos laudos criminológicos para a progressão de regime prisional;

f) a inconstitucionalidade da ação penal privada nos delitos sexuais e a superação do paradigma liberal-individualista;

g) a Lei. 9.099 e a artificial isonomia legal;

h) a extinção da punibilidade nos crimes fiscais e o esquecimento da função do Direito Penal no paradigma atual;

i) a inconstitucionalidade do § 4° do artigo 33 da Lei de Tóxicos.

Toda a situação hermenêutica implica uma antecipação de sentido, portanto um conjunto de pré-juízos. O Direito Penal tem sido uma área bastante refratária a um olhar que perpasse a velha tradição iluminista-individualista. Entretanto, perfeitamente compreensível essa resistência do campo penal, mormente se pensarmos o papel autoritário que o Estado representou nesses poucos séculos de existência no Brasil.

Com efeito, basta um exame do próprio Código Penal para a constatação da falta de integridade da legislação. A disparidade no tratamento dos bens jurídicos é sintoma crítico da ausência de proporcionalidade. Entretanto, a Constituição deve ser entendida como um salto paradigmático, sepultando um passado de violência estatal, *abrindo-se agora a perspectiva traduzida perfeitamente no artigo 3° da Constituição Federal*, isto é, que o Brasil é uma República que visa erradicar a pobreza e diminuir as desigualdades sociais.

É razoável, assim, afirmar que é possível, e porque não dizer, necessário, que esse conjunto de pré-juízos negativos acerca do papel do Estado seja superado de uma vez por todas. E é nesse ponto que o lado esquecido dos direitos fundamentais – *Untermassverbot* – pode ser um importante mecanismo de correção de um Direito Penal tão desproporcional como o nosso.

Por isso é que devemos deixar de olhar o novo com os olhos do velho e passar a ver o Direito Penal com um olhar dirigido às transformações, sem temores de qualquer possibilidade de repristinação de atitudes arbitrárias por parte do Estado. Muito pelo contrário, a arbitrariedade possui uma dupla face também, porque pode ser extirpada pela aplicação do "dever de proteção", valendo lembrar, nesse sentido, da decisão da Suprema Corte Argentina, que impediu a perpetuação de uma anistia aos agentes do Estado policial, que não se livraram de suas punições. E é nessa decisão, também, *que se pode basear a argumentação de que a aplicação constitucional do princípio da proibição de proteção deficiente não viola o princípio da legalidade*, questão que também já foi definida pelo Tribunal Constitucional Alemão no recente julgamento dos atiradores do muro de Berlim. Enfim, *o princípio da reserva legal é, antes de tudo, o princípio da reserva constitucional.* É um princípio de proteção dos direitos fundamentais na sua dupla face.

Numa palavra final, tais questões assumem absoluta relevância em países como o Brasil. Aqui ainda se faz necessário o papel dirigente e compromissório assumido pela Constituição, e inserido nele um Direito Penal que não seja refratário às possibilidades dele mesmo, por vezes, protegendo insuficientemente os direitos do cidadão. Nesse sentido, Gomes Canotilho é feliz quando diz que "no caso concreto do Brasil a dimensão política da 'Constituição Dirigente' tem uma força sugestiva relevante quando associada à idéia de estabilidade que, em princípio, se supõe lhe estar imanente".[276] Essa estabilidade estaria articulada com um projeto de modernidade política, que responde a três violências – triângulo dialético – através da categoria político-estatal: a) à falta de segurança e de liberdade, impondo a ordem e o direito (o Estado de Direito contra a violência física e o arbítrio); b) à desigualdade política alicerçando liberdade e democracia (Estado Democrático); c) à pobreza – mediante esquemas de socialidade. Desse modo, podemos dizer que a Constituição Dirigente continua a ser o suporte normativo do desenvolvimento da modernidade. E o Brasil precisa dela.

---

[276] Ver, para tanto, CANOTILHO, José Gomes. O Estado Adjetivado e a teoria da Constituição. In: *Revista da Procuradoria Geral do Estado RS*, n. 56, dez. 2002, p. 40.

Referências bibliográficas

AFONSO DA SILVA, José. O proporcional e o razoável. In: *Revista dos Tribunais*. n. 798, ano 91, abr. 2002, p. 23-50.

ALEXY, Robert. *Teoria dos Direitos Fundamentais*. Tradução de Virgílio Afonso da Silva. São Paulo: Malheiros, 2008.

——. Ponderação, jurisdição constitucional e representação popular. In: SOUZA NETO, Cláudio Pereira de; SARMENTO, Daniel (Orgs.) *A constitucionalização do direito: fundamentos teóricos e aplicações específicas*. Tradução de Thomas da Rosa de Bustamante. Rio de Janeiro: Lumen Juris, 2007, p. 295-304.

——. *Teoría de los derechos fundamentales*. Tradução de Ernesto Garzón Valdés. Madrid: Centro Estudios, 2001.

ANDRADE, José Carlos Vieira de. *Os direitos fundamentais na Constituição portuguesa de 1976*. Coimbra: Livraria Almedina, 1987.

ARANGO, Rodolfo. El concepto de derechos sociales fundamentales. Colômbia: Legis, 2005.

——. *Hay respuestas correctas en derecho?* Bogotá: Siglo del Hombre, 1999.

BAPTISTA MACHADO, João. *Introdução ao direito e ao discurso legitimador*. Coimbra: Coimbra Editora, 1988.

BARATTA, Alessandro. *Criminología y sistema penal*. Argentina: editora IBdeF, 2004

BARROS, Suzana de Toledo. O princípio da proporcionalidade e o controle de constitucionalidade das leis restritivas de direitos fundamentais. Brasília: Brasília jurídica, 1996.

BARROSO, Luís Roberto; BARCELLOS, Ana Paula. O começo da história. A nova interpretação constitucional e o papel dos princípios no direito brasileiro. In: BARROSO, Luís Roberto (Org.) *A nova interpretação constitucional: ponderação, direitos fundamentais e relações privadas*. Rio de Janeiro: Renovar, 2003.

BARROSO, Luis Roberto. "A segurança jurídica na era da velocidade e do pragmatismo". *In: Temas de direito constitucional*. Rio de Janeiro: Renovar, 2001.

BERCOVICI, Gilberto; LIMA, Martonio Mont'Alverne B.; MORAES FILHO, José Filomeno de.; SOUZA NETO, Cláudio Pereira de. *Teoria da Constituição*: estudos sobre o lugar da política no direito constitucional. Rio de Janeiro: Lumen Juris, 2003.

BONAVIDES, Paulo. *Do Estado liberal ao Estado social*. 7. ed. São Paulo: Malheiros, 2004.

———. *Curso de direito Constitucional*. 6. ed. rev. atual. ampl. São Paulo: Malheiros, 1996.

———. *A Constituição aberta*. Belo Horizonte: Del Rey, 1993.

CALLEGARI, André Luís. Os princípios da proporcionalidade e da ofensividade no direito penal como legitimadores da sanção penal. Análise crítica em relação às penas nos crimes contra os costumes. In: *Revista da AJURIS*, Porto Alegre, n. 102, jun. 2006, p. 39-50.

———. Importância e efeito da delinqüência econômica. In: *Boletim IBCCRIM*, São Paulo, n. 101, p. 10-11, abr. 2001.

CANOTILHO, José Gomes. O Estado Adjetivado e a teoria da Constituição. *In: Revista da Procuradoria Geral do Estado RS*, n. 56, dez. 2002.

———. Direito Constitucional e teoria da Constituição. 3. ed. Coimbra: Almedina, 1998.

———. *Constituição dirigente e vinculação do legislador*. Contributo para a compreensão das normas constitucionais programáticas. Coimbra: Coimbra Editora, 1994.

CAPPELA, Juan Ramón. *Fruto Proibido*: uma aproximação histórico-teórica ao estudo do direito e do Estado. Porto Alegre: Livraria do Advogado, 2002.

CATTONI DE OLIVEIRA, Marcelo Andrade. Sobre a teoria da argumentação jurídica de Robert Alexy: um ensaio crítico com base na teoria discursiva do direito e do Estado Democrático de Direito, de Jürgen Habermas. In: *Novatio Iuris*. Porto Alegre: Revista do Curso de Direito da ESADE. n. 1. jun. 2008. p. 47-78.

———. Jurisdição e hermenêutica constitucional no Estado Democrático de Direito; um ensaio de teoria da interpretação enquanto teoria discursiva da argumentação jurídica de aplicação. In: CATTONI DE OLIVEIRA, Marcelo Andrade (Org.). *Jurisdição e Hermenêutica Constitucional no Estado Democrático de Direito*. Belo Horizonte: Mandamentos, 2004, v. 1, p. 47-78

———. *Direito, política e filosofia*: contribuições para um teoria discursiva da Constituição democrática no marco do patriotismo constitucional. Rio de Janeiro: Lumen Juris, 2007.

———. *Direito constitucional*. Belo Horizonte: Mandamentos, 2002.

COPETTI, André L. Racionalidade Constitucional Penal Pós-88. Uma análise da legislação penal face ao embate das tradições individualista coletivista. In: ROCHA, Leonel Severo; STRECK, Lenio Luiz; MORAES, Bolzan de [et. al] (Orgs.). *Constituição, sistemas sociais e hermenêutica:* programa de pós-graduação em Direito da UNISINOS: mestrado e doutorado. Porto Alegre: Livraria do Advogado, 2005.

———; STRECK, Lenio Luiz. O direito penal e os influxos legislativos pós-Constituição de 1988: um modelo normativo e eclético consolidado ou em fase de transição? In: *Anuário do Programa de Pós-Graduação em Direito da UNISINOS*. São Leopoldo: UNISINOS, 2003.

CORREA, Teresa Aguado. *El principio de proporcionalidad en derecho penal*. Madrid: EDERSA, 1999.

CRUZ, Álvaro Ricardo de Souza. *Hermenêutica Jurídica e(m) debate*: o constitucionalismo brasileiro entre a teoria do discurso e a ontologia existencial. Belo Horizonte: Editora Fórum, 2007.

CUNHA, Maria da Conceição Ferreira da. *Constituição e Crime*: uma perspectiva da criminalização e da descriminalização. Porto: Universidade Católica Portuguesa, 1995.

CUNHA, Paulo Ferreira da. *A Constituição do Crime*: da substancial constitucionalidade do direito penal. Coimbra: Editora Coimbra, 1998.

DWORKIN, Ronald. *Los derechos en serio*. 5. reimp. Barcelona: Ariel, 2002.

——. *O império do Direito*. Tradução de Jefferson Luiz Camargo. São Paulo: Martins Fontes, 1999.

ESCALANTE, Mijail Mendoza. Tribunal Constitucional y control material de resoluciones judiciales. In: *Gaceta del Tribunal Constitucional*. N° 4. out. dez. 2006. Disponível em <http://gaceta.tc.gob.pe/img_upload/e9cd369e9802640e14ca53f5a13e1a36/Mijail_Mendoza_6.pdf>. acesso em 09 jul. 2008.

FELDENS, Luciano. A conformação constitucional do direito penal: realidade e perspectivas. In: SOUZA NETO, Cláudio Pereira de; SARMENTO, Daniel (Orgs.). *A constitucionalização do direito:* fundamentos teóricos e aplicações específicas. Lumen Juris: Rio de Janeiro, 2007. p. 831-855.

——. *A Constituição penal:* a dupla face da proporcionalidade no controle de normas penais. Porto Alegre: livraria do Advogado, 2005.

——. *Tutela Penal dos Crimes do Colarinho Branco*. Porto Alegre, Livraria do Advogado, 2002.

FERRAJOLI, Luigi. *Direito e razão*: teoria do garantismo penal. São Paulo: Revista dos Tribunais, 2002.

——. *Derechos y garantias*: la ley del más débil. Madrid: Trotta, 1999.

GARCÍA FIGUEROA, Alonso. La tesis del caso especial y el positivismo jurídico. In: *Doxa*. n. 22, 1999, p. 207-220.

GOMES, Mariângela Gama de Magalhães. *O princípio da proporcionalidade no direito penal*. São Paulo: Revista dos Tribunais, 2003.

GRIMM, Dieter. A função protetiva do Estado. In: SOUZA NETO, Cláudio Pereira de; SARMENTO, Daniel (Orgs.). *A Constitucionalização do Direito: fundamentos teóricos e aplicações específicas*. Tradução de Eduardo Mendonça. Rio de Janeiro: Lumen Juris, 2007, p. 149-165.

HABERMAS, Jüergen. *Direito e Democracia*: entre faticidade e validade. v. 1. Rio de Janeiro: Tempo Brasileiro, 1997.

——. *Direito e Democracia*: entre faticidade e validade. v. 2. Rio de Janeiro: Tempo Brasileiro, 1997.

HART, Herbert L. A. *O conceito de Direito*. 2. ed. Lisboa: Fundação Calouste Gulbenkian, 1994.

HASSEMER, Winfried. ¿Puede Haber delitos que no afecten a un bien jurídico penal?. In: HEFENDEHL, Roland (ed.). *La teoría del bien jurídico. ¿Fundamento de legitimación del Derecho penal o juego de abalorios dogmático?* Madrid: Marcial Pons, 2007, p. 95-104.

HOBBES, Thomas de Malmesbury. *Leviatã:* ou matéria, forma e poder de um Estado eclesiástico e civil. Tradução de João Paulo Monteiro e Maria Beatriz Nizza da Silva. 2. ed. São Paulo: Abril Cultural, 1979.

KELSEN, Hans. *Teoria pura do direito*. Tradução de João Baptista Machado. 5. ed. Coimbra: Armênio Amado, 1979.

MARTINS, Leonardo. Proporcionalidade como critério do controle de constitucionalidade – problemas de sua recepção pelo direito e jurisdição constitucional brasileiros. In: *Revista da Ajuris*. Porto Alegre, n. 101, mar. 2006, p. 193-233.

—— (Org). *Cinqüenta Anos de Jurisprudência do Tribunal Constitucional Federal Alemão*. Montevideo: Fundação Konrad-Adenauer-Stiftung E.V., 2006.

MATEU, Juan Carlos Carbonell. *Derecho penal*: concepto y principios constitucionales. 3. ed. Valencia: Tirant lo Blanch, 1999.

MATTEUCCI, Nicola. *Organización del poder y libertad*: Historia del constitucionalismo moderno. Madrid: Trotta, 1998.

MENDES, Gilmar Ferreira. *Controle de constitucionalidade: aspectos jurídicos e políticos*. São Paulo: Saraiva, 1990.

MESA, Gloria Patricia Lopera. *Principio de proporcionalidad y ley penal:* bases para un modelo de control de constitucionalidad de las leyes penales. Madrid: Centro de Estudios Políticos y Constitucionales, 2006.

MIRANDA, Jorge. *Teoria do Estado e da Constituição*. Rio de Janeiro: Forense, 2002.

——. *Manual de direito constitucional*: tomo II. 4. ed. rev. atual. Coimbra: Coimbra editora, 2000.

——. *Manual de direito constitucional*: o Estado e os sistemas constitucionais. 6. ed. rev. atual. Coimbra: Coimbra Editora, 1997.

MORAIS, José Bolzan; STRECK, Lenio Luiz. *Ciência política e teoria do Estado*. 6. ed. Porto Alegre: Livraria do Advogado, 2008.

——. *Ciência política e teoria geral do Estado*. Porto Alegre: Livraria do Advogado, 2000.

MOURULLO, Gonzalo Rodríguez. *Delito y pena en la jurisprudencia constitucional*. Madrid: Civitas, 2002.

NEVES, Marcelo. *A Constituição simbólica*. São Paulo: Acadêmica, 1995.

NUCCI, Guilherme de Souza. *Código Penal Comentado*. 6. ed. rev. ampl. São Paulo: revista dos Tribunais, 2006.

PEREIRA, Jane Reis Gonçalves; LUCAS DA SILVA, Fernanda Duarte Lopes. A estrutura normativa das normas constitucionais. Notas sobre a distinção entre princípios e regras. In: *Os princípios da Constituição de 1988*. 2. ed. Rio de Janeiro: Lumen Juris, 2006, p. 3-19.

PORTUGAL. Directiva do Procurador Geral da República: Fernando José Matos Pinto Monteiro. 09 de janeiro de 2008. Disponível em <http://www.pgr.pt/portugues/grupo_soltas/actualidades/directivaslei59-2007.pdf> Acesso em 7 abr. 2008.

PRUDENCIO GARCÍA. Argentina derriba la última berrera. In: *El País*. España. miércoles 18 de Julio de 2007, p. 11-12.

PULIDO, Carlos Bernal. O princípio da proporcionalidade na legislação penal. In: SOUZA NETO, Cláudio Pereira de; SARMENTO, Daniel (Orgs.). *A constitucionalização do direito:* fundamentos teóricos e aplicações específicas. Rio de Janeiro: Lumen Juris, 2007. p. 805-830.

——. *El principio de proporcionalidad y los derechos fundamentales*. Madrid: Centro de estudios políticos y constitucionales, 2002.

ROXIN, Claus. *A proteção de bens jurídicos como função do Direito Penal*. Tradução de André Luis Callegari e Nereu José Giacomolli. Porto Alegre: Livraria do advogado, 2006.
SANCHÍS, Luis Pietro. Neoconstitucionalismo y ponderación judicial. In: CARBONELL, Miguel (Org.). In: *Neoconstitucionalismo(s)*. Madrid, Trotta, 2003.
SARLET, Ingo Wolfgang. Direitos Fundamentais e proporcionalidade: notas a respeito dos limites e possibilidades da aplicação das categorias da proibição de excesso e de insuficiência em matéria criminal. In: *Revista da Ajuris*, ano XXXV, n. 109, Porto Alegre, mai. 2008, p. 139-161.
———. Os direitos fundamentais, a reforma do Judiciário e os Tratados Internacionais de Direitos Humanos: notas em torno dos §§ 2º e 3º do art. 5º da Constituição de 1988. In: *Revista da AJURIS*. ano XXXIII, n. 102, Porto Alegre, jun. 2006, p. 177-208.
———. "Constituição e proporcionalidade: o direito penal e os direitos fundamentais entre a proibição de excesso e de insuficiência". In: *Revista da AJURIS*. n. 98, Porto Alegre: AJURIS, 2005.
———. "Constituição e proporcionalidade: o direito penal e os direitos fundamentais entre a proibição de excesso e de insuficiência". In: *Revista de Estudos Criminais*. n. 12, Porto Alegre: !TEC, 2003.
———. *A eficácia dos direitos fundamentais*. 3. ed. rev. atual. ampl. Porto Alegre: Livraria do Advogado, 2003.
STERNBERG-LIEBEN, Detlev. Bien jurídico, proporcionalidad y libertad del legislador penal. In: HEFENDEHL, Roland (ed.). *La teoría del bien jurídico*: fundamento de legitimación del derecho penal o juego de abalorios dogmático? Madrid: Marcial Pons, 2007, p. 105-127.
STRECK, Lenio Luiz. *O dever de proteção do Estado (Schutzpflicht)*: o lado esquecido dos direitos fundamentais ou "qual a semelhança entre os crimes de furto privilegiado e o tráfico de entorpecentes"? Disponível em <http://www.leniostreck.com.br>. Acesso em 11 dez. 2008.
———. *Constituição e bem jurídico*: a ação penal nos crimes de estupro e atentado violento ao pudor – o sentido hermenêutico-constitucional do art. 225 do Código Penal. Disponível em <http://www.mp.rs.gov.br/areas/atuacaomp/anexos_noticias/artigolenio.doc>. Acesso em 28 abr. 2008.
———. *O princípio da proteção de proibição deficiente (Untermassverbot) e o cabimento de mandado de segurança em matéria criminal*: superando o ideário liberal-individualista-clássico. Disponível em <www.leniostreck.com.br>. acesso em 14 abr. 2008.
———; FELDENS, Luciano. *Crime e Constituição*: a legitimidade da função investigatória do Ministério Público. 3. ed. rev. e atual. Rio de Janeiro: Forense, 2006.
———. O sentido hermenêutico-constitucional da ação penal nos crimes sexuais: os influxos da Lei dos crimes hediondos e da Lei Maria da Penha. In: KLEVENHUSEN, Renata Braga (Coord.). *Direitos fundamentais e novos direitos*. Rio de Janeiro: Lumen Juris, 2006.
———. *Verdade e consenso*: Constituição, hermenêutica e teorias discursivas. Rio de Janeiro: Lumen Juris, 2006.
———. *A dupla face do princípio da proporcionalidade*: da proibição de excesso (*Übermassverbot*) à proibição de proteção deficiente (*Untermassverbot*) ou de como

não há blindagem contra normas penais inconstitucionais. In: *Revista da AJURIS*, Porto Alegre, n. 97, mar. 2005, p. 171-202.

——. A concretização de direitos e a validade da tese da Constituição dirigente em países de modernidade tardia. In: AVELÃS NUNES, Antônio José; COUTINHO, Jacinto Nelson de Miranda (Orgs.). *Diálogos constitucionais: Brasil/Portugal*. Rio de Janeiro: Renovar, 2004, p. 301-371.

——. *Hermenêutica jurídica (em)crise*: uma exploração hermenêutica da construção do direito. 5. ed. rev. atual. Porto Alegre: Livraria do Advogado, 2004.

——. *Jurisdição constitucional e hermenêutica*: uma nova crítica do direito. 2. ed. rev. ampl. Rio de Janeiro: Forense, 2004.

——. O senso comum teórico e a violência contra a mulher: desvelando a razão cínica do direito em *terra braslis* In: *Revista brasileira de direito de família*. Porto Alegre: Síntese, IBDFAM, v. 1, n. 1, abr./jun., 1999

YACOBUCCI, Guilhermo Jorge. El principio de proporcionalidad como regla fundamental de la política criminal. In: SCHMIDT, Andrei Zenkner (Org.). *Novos Rumos do direito penal contemporâneo*. Livro em homenagem ao prof. Dr. Cezar Roberto Bitencourt. Rio de Janeiro: Lumen Juris, 2006.

Impressão:
Evangraf
Rua Waldomiro Schapke, 77 - P. Alegre, RS
Fone: (51) 3336.2466 - Fax: (51) 3336.0422
E-mail: evangraf.adm@terra.com.br